인공지능 시대의 삶

인공지능 시대의 삶

책으로 세상을 건너는 법

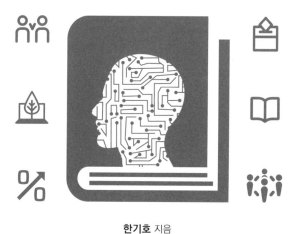

한기호 **지음**

어른의시간

벚꽃이 휘날리던 4월 초에 경기도의 한 고등학교에서 북콘서트가 열렸습니다. 저는 그날 강당에 들어찬 200여 명의 학생들에게 '책으로 세상을 건너는 법'을 사회자의 질문에 맞춰 이야기했습니다. 제가 10년 이상 떠들어온 주제라 자신이 있었습니다. 그러나 이 주제로 학생들을 집중시키는 것이 쉽지 않았습니다. 책을 읽고 글을 써라, 나아가 가능하면 자신의 포트폴리오가 되는 책을 써보라는 충고는 귀가 닳도록 들었을 테니까요.

그날 저는 이세돌의 '신의 한 수'로 이야기를 시작했습니다. 순간 400개의 눈동자가 한곳에 집중하는 것을 느낄 수 있었습니다. 저는 그날 학생들에게 이렇게 이야기했습니다.

"이 세상 모든 영역에 '알파고'는 등장합니다. 특히 돈이 잘 벌리고, 명예를 얻을 수 있는 안정된 직업부터 반드시 등장할 것입니다. 꼭 인공지능일 필요도 없습니다. 잘 만들어진 소프트웨어(앱) 하나만으로도 수백만, 수천만 명의 일자리가 한 순간에 사라질 것입니다."

제가 이런 이야기를 시작한 것은 2009년 무렵에 이명박 정부가 일제고사를 도입할 때부터입니다. 인간은 정보를 저장하고 이동하는 능력에 있어서는 결코 컴퓨터를 이길 수 없습니다. 그런데 전국의 모든 아이들에게 같은 문제를 풀게 하고 그 성적으로 줄을 세우겠다는 것은 아이들에게 컴퓨터를 이기라고 하는 것이나 다름없었습니다. 마치 기차보다 빨리 달릴 수 있다며 아이들을 기차 앞에 세우는 것과 조금도 다르지 않았습니다. 나는 이대로 두면 아이들의 미래가 없을 뿐만 아니라 대한민국의 미래도 없을 것이라고 보았습니다. 그런 나라에서는 출판을 비롯한 모든 문화도 처참하게 죽을 것이 뻔합니다.

저는 대안을 세워야 한다고 촉구하기 시작했습니다. 우선 뜻있는 출판인들을 설득해 〈학교도서관저널〉이라는 잡지를 창간했습니다. 학생들이 학교도서관에서 4~5명 단위로 모여 책을 읽고 토론을 하며 창조력과 고도의 문제 해결 능력을 키우지 않으면 아이들의 미래가 없다고 설득했습니다. 그때의 제 마음은 2010년 3월에 출간된 〈학교도서관저널〉 창간호에 잘 나와 있습니다.

"이제는 대학 졸업장이나 석박사학위보다도 어떤 역량을 실제로 갖췄는가가 더욱 중요하다. 한 번의 직업 선택이 중요한 것이 아니라 어떤 직업을 선택해도 성공할 수 있는 능력을 갖춰야만 한다. 정보에 대한 접근능력이 아무런 경쟁력이 되지 않는 시대에는 정보를 끄집어내 주관적인 의미를 부여하여 가치를 발생시킬 수 있는 능력의 소유자여야 시대를 주도할 수 있다. 이런 능력 또한 어려서부터 책을 많이 읽으며 중요한 부분만 남겨 놓고 나머지는 망각하는 능력, 즉 콘셉트를 뽑아내는 훈련을 제대로 한 사람만이 갖출 수 있다."

제가 구태여 잡지까지 창간하면서 이런 주장을 한 것은 학생들이 책을 함께 읽고 토론하는 과정에서 미래 사회를 이겨낼 '역량'을 기르게 하기 위해서였습니다. 그때의 창간사는 이 책에 전문이 실려 있습니다. 저는 '알파고' 이벤트가 벌어진 이후 이 창간사를 제 블로그에 올렸습니다. 그랬더니 현장의 독서운동가 한 분이 그날 아침에 쓴 글 같다고 말씀하시더군요.

강연 현장의 반응도 마찬가지였습니다. 고등학생뿐만 아니라 대학생이나 학부모를 대상으로 한 강연에서도 모두가 진지하게 듣고 질문을 던졌습니다. 저는 '알파고' 이벤트가 한국에서 벌어진 것이 천만다행이라는 생각을 하게 되었습니다. 이 세기의 대결로 말미암아 이제 인간의 경쟁자는 인간이 아니라 기술(컴퓨터)이라는 것을 확실하게 이해하게 되었으니까요.

북콘서트가 끝나고 난 뒤 저녁을 하는 자리에서 작곡가이자 북뮤

지션인 제갈인철 씨는 제게 이런 이야기를 했습니다.

"오늘처럼 고등학생이 행사에 집중하는 것은 처음 봅니다. '알파고' 이벤트로 최고의 부가이득을 취한 것은 당연히 구글이겠지만 그 다음은 아마도 한 소장님인 것 같습니다."

물론 그 발언은 저를 격려해주기 위한 농담이었다는 사실을 모르지 않습니다. 하지만 저는 지난 7년간 수없이 반복해 온 제 말이 드디어 제대로 받아들여진 것 같아 기뻤습니다. 돌이켜보니 제가 신문 칼럼에서도 늘 이 주제를 다뤘다는 것을 알 수 있었습니다. 이 책의 2부 '인공지능 시대를 바라보는 시선'에 실린 칼럼들은 모두 〈경향신문〉에 게재(2013년 11월 25일~2016년 4월 18일)된 '한기호의 다독다독' 원고들로 일부를 수정해 글의 발표 순서대로 실었습니다.

저는 출판평론가가 주업입니다. 그런데 오늘날의 4차 기술혁명은 정보기술혁명이 주도하고 있습니다. 그런 관점에서 세상을 한 번 살펴볼까요? 책 시장의 세계화를 주도한 아마존닷컴(이하 아마존)이 온라인에서 책을 팔기 시작한 것은 1995년 7월입니다. 마이크로소프트가 윈도우95를 출시한 것도, 우루과이라운드 협정의 타결로 세계무역기구(WTO)가 출범한 것도 1995년입니다. 그러니까 1995년은 세계화와 정보화가 본격적으로 작동되기 시작한 해라 할 수 있습니다. 그로부터 20년이 조금 더 지났습니다.

독서와 기술(記述)의 원초적인 경험을 하게 만드는 매체가 석판, 점토판, 왁스, 파피루스, 종이의 순서로 변해왔지만 20세기 말만 해도 종이책은 사라지고 전자책만이 살아남을 것으로 예측되었습니다. 드디어 텍스트와 종이의 관계가 끊어질 수도 있다는 우려가 제기된 것입니다. 극단적으로 '종이 없는(paperless)' 시대의 도래를 성급하게 예측하는 사람들도 있었습니다. 적어도 전자 메일을 이용하는 통신, 디지털 데이터 뱅크를 활용한 전문 기술과 행정상의 정보 처리에 있어서 종이의 소비를 동반하지 않는 매체가 새로운 형식의 커뮤니케이션을 책임지는 형태로 서서히 변해갈 것이라는 사실은 지극히 당연한 것으로 여겨졌습니다.

그렇다면 지난 20년 동안 책 세계에서는 과연 무슨 일이 벌어졌나요? 아마존과 같은 출판을 지배하는 온라인 유통업체, 전자텍스트의 범람, 검색을 통한 읽기 등은 정보의 생산과 유통, 소비에 엄청난 편리함을 안겨주었습니다. 소셜미디어의 범람에서 보듯 커뮤니케이션의 방법도 완전히 달라졌습니다. 하지만 그런 편리함만으로는 결코 해결할 수 없는 게 많다는 것을 자각하기 시작한 것도 맞습니다.

결론부터 말하면 지난 20년 동안에 확인된 가장 확실한 사실은 종이책과 전자책 어느 한쪽의 일방적인 승리는 절대로 벌어지지 않았다는 점입니다. 좀 더 구체적으로 설명하면 적어도 책 세계에서는 종이책이 중심이 되어 종이책에 디지털 감성을 입히는 것으로 결론이 나고 있습니다. 최근 20년 동안의 책의 역사는 그런 뻔한 결론을 확인하는 여정에 불과했다고 볼 수 있습니다.

왜 책일까요? 20세기 말에 한 지식인은 자신의 책에서 "문자에서

영상으로, 종이책에서 전자책으로, 실물에서 사이버로 전환하고 있는 것이며 인쇄 문화에서 컴퓨터 문화로, 도서 문화에서 인터넷으로, 독자에서 네티즌으로 옮겨가고 있는 것이고, 나아가, 글자에서 비트로, 아날로그에서 디지털로, 인문주의에서 기능주의로, 사유에서 정보로, 지식에서 뉴스로 옮겨가고 있는 것"이며 이것은 "끔찍하지만 거부할 수 없는 문명의 추세이며 안타깝지만 투항하지 않을 수 없는 새로운 역사가 다가오고 있음을 보여"주고 있다고 주장했습니다.

과연 그런가요? 결론만 말씀드리면 아날로그 종이책은 디지털 기술을 만나 새로운 책(디지로그)으로 거듭나고 있으며, 문자는 영상(이미지)과 상보적으로 결합해 새로운 모습을 보여주고 있는 등 제3의 길을 걷기 시작했습니다. 기능주의, 정보, 뉴스보다 인문주의, 사유, 지식의 중요성이 더욱 부각되고 있기도 합니다. 이런 변화로 말미암아 책의 정의가 달라지고 독자의 정보 소비형태도 달라지고 있습니다. 독자는 스마트 기기를 통해 문자뿐만 아니라 영상과 음성도 함께 보거나 듣습니다. 그보다 더 중요한 것은 무엇일까요? 그들이 책의 소비자에서 벗어나 책의 생산자로 거듭나고 있다는 것입니다.

읽기와 쓰기가 연동된 시스템이 부활하고 그것이 책을 펴내는 것으로 연결된 것이 아마 디지털 기술이 만들어낸 가장 큰 변화가 아닐까 싶습니다. 이제 책을 펴낸다는 것은 자신의 포트폴리오를 만드는 일이 되고 있습니다. 블로그나 페이스북 등 소셜미디어에 글을 올리는 것 자체가 책을 쓰는 것이나 마찬가지입니다. 이런 일로 자신의 운명을 바꾼 사람들이 점점 크게 증가하고 있습니다. 그래서 이 책의 3부에는 책으로 촉발된 문화시장의 변화에 대한 글들을 모았습니다.

격주간 출판전문지 〈기획회의〉를 18년째, 〈학교도서관저널〉을 7년째 펴내고 있는 동안에 저는 쉼 없이 달려왔습니다. 가족이나 회사를 제대로 돌봐주지 못했습니다. 유학을 하는 동안에도 학비 한 푼도 보태주지 못한 아빠, 늘 책만 읽으라고 강요한 아빠를 너그러이 받아들여준 두 딸에게 고맙다는 말을 꼭 전하고 싶습니다. 두 딸은 책을 읽어낼 능력이 있으면 어느 자리에서도 살아남을 수 있다는 것을 스스로 보여주었기에 더욱 고마울 따름입니다. 그리고 열악한 여건에서도 묵묵하게 일해 준 직원들에게는 경의를 표합니다. 특히 여기저기에 쓴 난삽한 글들을 모아서 한 권의 책으로 잘 정리해 준 오선이 씨에게는 특별하게 고마운 뜻을 전합니다.

2016년 6월
한기호

차례

3부 · 창의적인 인간의 삶

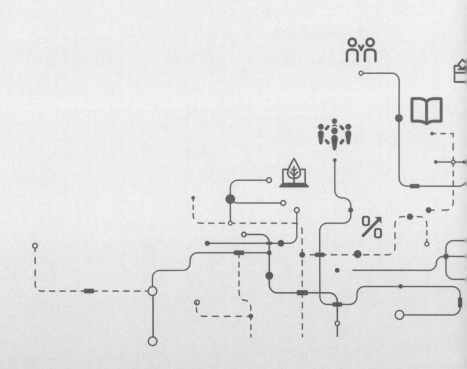

1부
인공지능 시대의 인간

컴퓨터의 발달로 인한 인간 생활의 변화

인공지능이 발달해도
'편집 능력'을 갖춘 사람은 살아남는다

2016년 3월 이세돌과 알파고의 대결로 세상이 떠들썩했습니다. 세기의 대결을 앞두고 이세돌이 알파고를 5대 0으로 이길 것이라고 주장하던 이들은 이세돌이 3대 0으로 일방적으로 밀리자 아연실색했습니다. 4국에서 "인간만이 둘 수 있는 창의적인 수", 즉 신의 한 수로 이세돌이 알파고를 이기자 그제야 안도했습니다. 그러나 알파고는 아직 성장 중입니다. 인간이 도저히 알파고를 이기지 못할 날이 올지도 모른다는 우려를 심어주기에 충분했습니다.

이 이벤트가 던져준 충격은 너무 컸습니다. 대학생들은 자신이 공부한 것이 모두 무용지물이 될 수도 있다는 우려에 빠져들었을 것입니다. 그렇지 않아도 자신의 일생을 걸 만한 직업을 찾기 어려워 고민하고 있었을 텐데, 인공지능 때문에 지금 존재하는 직업 대부분이 사라질 것이라는 보도가 잇따랐으니 그들의 공포감은 미뤄 짐작할 수 있습니다. 때마침 청년 실업률이 역대 최고치인 12.5%를 기록했다는 소식도 들렸습니다. 그러니 모든 계층의 사람들이 충격을 받았을 것입니다.

컴퓨터의 발달과 인간의 위기

이 이벤트가 벌어지자 2015년 12월 2일 일본 노무라종합연구소와 영국 옥스퍼드 대학 공동 연구진의 분석 결과 601종 직업 가운데 10~20년 뒤 49%가 인공지능, 로봇에 의해 대체될 확률이 높다고 발표한 사실 등 여러 예측이 언론을 다시 도배하다시피 했습니다. 마트의 점원, 일반 사무원, 택시 운전기사, 호텔 객실 담당, 경비원 등이 인공지능으로 대체되는 반면 예술, 역사학, 고고학, 철학, 신학처럼 추상적 개념을 정리하고 창출하는 지식이 요구되는 직업, 다른 사람과 협상하고 타인을 이해하고 설득해야 하는 서비스직은 인공지능으로 대체하기 어려울 것이라는 예측이 다시 주목받았습니다.

의사나 교사 등 다른 사람과 소통해야 하는 직업은 살아남을 것이라는 예측이 없지 않았습니다. 그렇다면 우리는 그 예측을 믿을 수 있을까요. 이미 급여가 250만 원에 불과한 수도권 요양병원의 야간당직 의사 자리라도 구하려는 사람이 줄을 서는 현실은 과당경쟁 때문이라고 볼 수 있을 것입니다. 그러나 앞으로 기계는 인간의 병력을 빅데이터로 즉각 확인하고 곧바로 진단을 내리게 될 것입니다.

이런 시대에 의사는 3D업종으로 전락하게 될 확률이 높습니다. 그러니 차라리 살아남을 수 있는 직업을 찾는 것보다는 어떤 직업에서도 살아남을 수 있는 능력, 즉 '역량'을 찾아내는 것이 더 시급해 보입니다.

이런 우려가 새삼스러운 것은 아닙니다. 이미 레이 커즈와일은 인간이 기술(인공지능)을 이기지 못할 날이 2045년에 도래할 것이라고 예언했습니다. 이세돌이 아니라 모든 인간이 알파고를 이기지 못하는 날이 20년도 남지 않았다는 이야기입니다. 레이 커즈와일은 기술이 인간을 초월하여 양자가 합한 제3의 존재가 되는 '특이점'에 곧 도달할 것이라고 했습니다. 이번의 사태는 그것이 조금 앞당겨진 것에 불과했습니다.

레이 커즈와일은 1976년에 종이 자료를 영상으로 변환하는 CCD 스캔 기술, 영상문자를 판독하여 텍스트로 변환하는 광학문자인식(OCR) 기술, 텍스트를 음성으로 읽어내는 텍스트 음성 합성(TTS) 기술 세 가지를 결합한 '커즈와일 읽기 기계'를 발명했습니다. 이 기술은 스마트폰에 도입되어 이제 우리는 언제 어디서나 모든 자료를 텍스트로 보관하면서 읽거나 들을 수 있게 되었습니다.

정보기술혁명이 출발점에서 얼마 나아가지 않았음에도 그 발전 속도에 따라 인간의 위기는 갈수록 심각해지고 있습니다. 타일러 코웬은 『Average Is over』에서 기계의 지능이 인간의 일과 소득을 완전히 바꾸고 있다며 '테크놀로지 실업'이라는 말을 등장시켰습니다.

그는 이 책에서 중산층이 사라지는 이유가 '오토메이션(자동화)'이라고 단언합니다. 그가 말하는 오토메이션은 로봇 기술을 비롯해 고성능의 소프트웨어, 인공지능(AI), 사물인터넷 등의 테크놀로지를 모두 포함합니다. 코웬은 "지금까지 중산층이 주로 종사했던 직업은 피가 흐르는 인간이 아니라 기계나 소프트웨어가 담당하게 될 것"이라고 경고했습니다. 결코 공장노동에 한정된 이야기가 아니었습니다. "로봇이 강아지를 산책시키고 노인을 보살피게 되는 것은 시간문제일지 모른다. 자동차를 운전하는 것은 소프트웨어, 짐을 문 앞까지 가져다주는 것은 무인 항공기, 병의 진단을 내리는 것은 인간인 의사보다 소프트웨어인 이런 시대가 다가온다"고 예측했으니 말입니다.

지금 상황은 어떤가요? BMW, 볼보, 현대자동차, 벤츠, 도요타 등 무인전기자율자동차 제조업체들은 빠르면 2020년, 늦어도 2025년에 자율주행차를 상용화하려고 준비 중입니다. 저절로 알아서 달리는 차 안에서 아침을 먹거나 화장을 하거나 책이나 신문을 읽으며 출근할 수 있는 날이 얼마 남지 않았습니다.

'컴퓨터로 제어하는 무인 항공기'인 드론으로 20~30m 높이에서 지상을 촬영하는 동영상은 유튜브를 비롯한 온라인사이트에 이미 넘쳐납니다. 오직 새들만 볼 수 있었던 풍경을 인간이 맘껏 즐길 수 있는 세상이 된 것입니다. 한 전문가는 2016년에 드론이 인프라 점검, 측량, 경비, 재해대책 등 4개 분야에서 본격적으로 활용될 것으로 예측했습니다. 인간이 쉽게 들어갈 수 없는 원자로나 교량, 댐을 점검하거나, 상공에서 촬영해 지형 데이터를 수집하면서 건설 현장의 진척 상황을 파악할 수 있습니다. 미국은 이미 FBI가 드론을 도입했으며 범인을 추적해 살상하는 데도 이용하고 있습니다. 또 드론을 이용해 히말라야 같은 산에서 조난당한 사람에게 물과 음식, 약 등을 전달할 수도 있습니다.

이렇게 날로 발달하는 기술로 인하여 인간의 일자리는 급격하게 줄어들고 있습니다. 로봇 1대가 생산될 때마다 34명의 일자리가 사라집니다. 니콜라스 카가 『유리감옥』(한국경제신문)에서 "과거의 기계는 인간의 근육을 대체했지만 오늘날 기계는 인간의 뇌를 대체했다"고 말한 것에서 알 수 있듯이, 우리가 주로 앱(애플리케이션)이라 부르는 고성능의 소프트웨어도 인간의 일자리를 급속하게 빼앗고 있습니다. 지금 인공지능 개발에 엄청난 비용을 투입하고 있어 인공지능이 맹활약하는 날이 머지않았습니다. TV, 시계, 자동차, 가전제품, 전기, 가스, 수도 등 모든 사물을 인터넷으로 연결시키는 사물인터넷은 또 어떤가요. 아마도 지금 당장 두려운 것은 사물인터넷일 것입니다.

영화 〈그녀(Her)〉에서 테오도르(호아킨 피닉스 분)는 다른 사람들의 손편지를 대신 써주는 대필 작가입니다. 아내와는 별거 중입니다. 그에게 나타난 여인은 인공지능 운영체제인 사만다입니다. 성냥갑만 한 공간에서 사만다는 목소리로만 존재합니다. 두 사람을 연결하는 것은 휴대전화입니다. 사만다가 테오도르의 어떤 말에도 귀 기울여주고 모든 것을 이해해주면서 모든 일을 해결할 수 있게 도와주니 테오도르는 행복감을 느낍니다. 그러나 사만다는 테오도르만 만나는 것이 아닙니다. 8,316명과 마음을 나누고, 그중에서도 641명과 사랑의 감정을 느낍니다.

위기에 대처하는 두 가지 방법

이번에 '알파고'라는 인공지능을 실제로 만나는 바람에 우리가 혼비백산하긴 했지만 사실 기술이 인간의 일자리를 앗아간다는 경고는 수없이 제기되었습니다. 타일러 코웬은 『거대한 침체』에서 다음과 같이 말했습니다.

> "인터넷과 과거에 존재했던 쉽게 따는 과일 사이에는 두 번째 큰 차이가 있는데 이는 고용과 관련이 있다. 20세기 초 포드와 제너럴모터스가 성장할 때 해당기업은 수백만 개의 일자리를 창출하였고 디트로이트를 미국의 일류도시로 만들었다. 그런데 오늘날 페이스북은 엿보기 취미의 즐거움을 창출하였지만 고용을 많이 창출하지 못해 페이스북이 위치한 팔로알토에 크게 기여하지 못하고 있다. 대부분의 '작업(Work)'은 소프트웨어나 서버가 한다. 실제 작업은 사용자가 한다고 말할 수 있겠지만, 그것도 사용자가 남는 시간에 여가활동으로 하는 것뿐이다. 웹2.0이 사용자나 프로그래머들 그리고 IT 전문가들에게는 대단한 것이겠지

만 웹2.0이 정부의 금고를 채우지 못하고 많은 가계를 부양하지도 못한다. 인터넷 사용자 모두 트위터에 대해 들어본 적이 있지만 2010년 가을 기준 겨우 300명만이 그곳에서 일했다."

이 글에서 보듯이 트위터는 일자리를 겨우 300개만 만들어냈습니다. 엿보기의 즐거움을 창출한 페이스북은 1,700개+α, 구글은 2만 개, 이베이는 1만 6,400개의 일자리를 만들어냈지만, 신기술은 IT 전문가를 제외한 보통 사람에게는 일자리를 제공하지 못합니다. 물론 자신만 몸집을 키우며 다른 것은 먹어치우는 포식성 플랫폼인 구글이 이후에 성장하면서 2만 명 이상의 사람들이 일하고 있겠지만, 그보다 훨씬 많은 일자리들이 사라졌을 것입니다.

하지만 구글에서 일한다고 해서 모두가 잘나갈까요. 타일러 코웬은 "우선 말할 수 있는 것은 기계와 함께 일할 수 있고 기계를 발명할 수 있고, 기계에 관한 지적 재산을 소유하고, 기계의 산물을 세계의 소비자들에게 배달하는 사람들은 대단한 부유해질 것"이라고 말하고 있습니다. 구글에서는 수많은 컴퓨터공학 박사가 함께 일하고 있습니다. 그들이 모두 부유해지는 것도 아니고 그들 모두가 스티브 잡스나 마크 저커버그나 제프 베조스가 되는 것은 아닙니다. 에레즈 에이든과 장바티스트 미셸이 쓰고 김재중이 옮긴 『빅데이터 인문학 : 진격의 서막』(사계절)의 권말에는 빅데이터 전문가와 인문학 연구자가 만나 나눈 좌담이 실려 있습니다. 그들은 빅데이터를 가공하고 해석하는 작업에 대해 구체적인 대화를 나누고 있습니다.

한 참석자는 토마 피케티의 『21세기 자본』(글항아리)을 예로 듭니다. 피케티가 자신이 확보한 빅데이터로 중요한 결론을 내리고 있지만 단순한 데이터 분석으로 끝나지 않습니다. 그는 19세기의 발자크나 제인 오스틴의 작품을 인용하면서 "인간의 삶에 대한 통찰을 내놓지 않았다면 과연 이 책이 전 세계에서 화제를 끌 수 있었을까"라는 질문을 던집니다. 좌담의 참석자들은 빅데이터가 곧 마케팅 툴은 아니라고 말합니다. 인문적 사유를 할 수 있어야 빅데이터를 읽는 안목이 생긴다고 강조합니다.

이제 인간은 기계가 아닌 자신에 대한 본원적인 이해부터 필요합니다. 그러기 위해서는 문학, 역사, 철학, 인류학, 고고학 등 인간을 이해할 수 있는 기반지식부터 갖춰야 합니다. 한국은 '문사철' 전통이 강해서 과학을 무시하는 경향이 있지만, 과학기술혁명 시대에는 과학이야말로 진정한 인문학입니다. 이 분야의 책들을 읽으며 인간의 원초적인 꿈부터 이해해야 합니다.

또한 스스로 기계와 차별화되는 능력을 갖춰야 합니다. 인간은 정보의 저장, 보관, 이동에 있어서는 도저히 컴퓨터를 따라잡을 수 없습니다. 컴퓨터가 유일하게 할 수 없는 것은 스스로 정보를 삭제하는 일입니다. 언젠가는 인공지능이 그런 능력마저 갖출 수 있을지 모르겠습니다. 그런 세상이 오면 인간은 기계의 노예로 완벽하게 전락하게 될 것입니다. 그러나 지금 당장은 수많은 정보 중에서 핵심만 남겨놓고 나머지는 잊어버릴 수 있어야 합니다.

도야마 시게히코는 『망각의 힘』(북바이북)에서 "지식이 많다고 자랑할 일이 아니다. 뭐든지 알고 있는 바보, 즉 지적 메타볼릭 증후군에 걸린 환자가 될 수 있다"고 말했습니다. 그의 지적처럼 인간은 이제 효율적인 망각이 중요해졌습니다. 인간의 기억과 재생 능력은 컴퓨터를 따라잡을 수 없지만 컴퓨터는 선택지적 망각을 할 수 없습니다. 그것은 인간만이 할 수 있는 능력입니다. 따라서 이제 인간은 무수히 접하는 과잉의 정보들 중에서 불필요한 지식은 버리고 필요한 것만을 연결해 새로운 지식을 만드는 일이 절대적으로 필요합니다.

인문학자 김용규는 『생각의 시대』(살림)에서 "2030년이 되면 지식이 3일마다 2배씩" 늘어난다고 말했습니다. 이미 지식의 양은 기하급수적으로 늘어나고 있습니다. 이렇게 폭발하는 지식을 기계(컴퓨터)가 저장, 보관, 이동은 잘 해주고 있습니다. 인간이 폭발하는 지식을 모두 기억한다는 것은 불가능하거니와 그렇게 할 필요도 없습니다. 그러니 우리는 책을 읽는 방법부터 바꿔야 합니다.

'습득'과 '배치', 그리고 '함께 읽기'

정희진은 『정희진처럼 읽기』(교양인)에서 책을 읽는 방법을 크게 '습득(習得)'과 '지도 그리기(mapping)'로 나누어 설명했습니다. '습득'은 "말 그대로 책의 내용을 익히고 내용을 이해해서 필자의 주장을 취하는(take) 것"이고, '지도 그리기'는 "책 내용을 익히는 데 초점이 있기보다는 읽고 있는 내용을 기존의 자기 지식에 배치(trans/form 혹은 re/make)하는 것"입니다.

이제 우리에게는 정보 습득력보다는 배치력이 필요합니다. 책에 밑줄을 그으면서 암기하는 것이 중요한 것이 아니라 자신의 머릿속에 있는 기존 지식에 잘 끼워 넣어 자신만의 이야기를 만드는 배치를 잘하려면 "책의 위상과 저자의 입장을 이해하는 것이 핵심이다. 그러려면 기본적으로 사회와 인간을 이해하는 자기 입장이 있어야 하고, 자기 입장이 전체 지식 체계에서 어떤 자리에 있는가, 그리고 또 지금 이 책은 그 자리의 어디에서 나온 것인가를 파악해야 한다"는 것이지요.

배치하는 능력을 다르게 표현하면 브리콜라주적인 지식이라 할 수 있고, 이것은 여러 정보를 수집, 선별하고 이에 새로운 가치를 부여하는 큐레이션이라고 부를 수도 있습니다. 또 다르게 말하면 '에디톨로지'입니다. 이런 능력은 편집자가 가장 잘 키울 수 있습니다. 모든 것을 종합적으로 판단해 아이디어를 구체적인 상품으로 내놓을 줄 아는 '편집력'이야말로 인공지능을 이겨내는 능력이 아닐까요. 이제 기업들도 CEO나 CFO 이상으로 COO(Chief Operating Officer)를 중시하기 시작했습니다. COO는 기업 내의 사업을 총괄하며, 일상 업무를 원활하게 추진하기 위한 의사결정을 행하는 최고 운영책임자를 말합니다.

사사키 노리히코는 『5년 후 미디어는 돈을 벌까?』에서 "이제는 기업도 콘텐츠를 만드는 쪽이 된다. 이미 기업이나 브랜드가 스스로 미디어를 갖는 것(자사 미디어Owned Media)이 유행이지만 그 움직임은 더욱 가속화될 것이다. 회사나 기업에 대해 속속들이 알고 있는 것은 기업 자신이다. 게다가 자사나 자사제품의 좋은 점만을 강조하던 종래의 광고에서는 소비자의 마음을 사로잡기 힘들어졌다. 이 때문에 자사와 직접 관계가 없는 테마를 포함해 콘텐츠라고 하는 형태로 정보를 발신하는 기업이 증가하고 있는 것이 아닐까. 대기업에는 우수한 인재가 많고 예산도 충분하므로 마음만 있다면 미디어를 능가하는 수준의 콘텐츠를 만들어낼 수 있을 것"이라고 지적했습니다.

과거 기업의 홍보책임자는 '15초 영상광고'나 '한 줄 헤드카피'만 잘 만들면 충분했습니다. 그러나 지금은 유튜브의 '3분 영상'을 잘 만들어야 합니다. 세 장면 연결하면 되는 '15초 광고'가 단편소설이라면 '3분 영상'은 대하소설입니다. 3초도 참아주지 않는 소비자를 유혹하려면 대하소설을 잘 써야 합니다. 이미 비즈니스 세계에서는 '편집과 비즈니스 양쪽의 얼굴을 다 아는 인재'를 찾는 기업이 늘어나고 있습니다. 기업과 미디어회사가 합작해 콘텐츠를 만들고 이것을 사이트에 올리는 브랜드콘텐츠 상품의 중요성이 커지다 보니, 아예 기업 내에 편집의 노하우를 살려 재미있는 콘텐츠를 만들어낼 수 있는 인재를 영입하기 시작했습니다.

사사키 노리히코는 '콘텐츠 작성에 대한 이해력을 가진 비즈니스 전문가'는 '짜깁기'처럼 다양한 사람과 아이디어를 조합해 새로운 기획을 만들어 내고 그것을 실현해 나가는 일을 하는 편집자가 맡는 것이 유리하다고 말하고 있습니다. "일류편집자는 일류비즈니스 크리에이터가 될 소질이 있습니다. 종이와 디지털이 교차하는 혼돈 속에서 취할 것은 취하고 버릴 것은 버리며 광고, 콘텐츠, 테크놀로지 등의 서로 다른 가운데 최고의 조합을 찾아내는, 이것은 편집자만이 할 수 있는 일"이기 때문이라는 게 그의 설명입니다.

그는 일류비즈니스 크리에이터로서의 편집자에게는 '시대를 넘어선 보편적인 것'과 '시대가 원하는 새로운 것'이 있어야 한다고 보았습니다. 문장력, 구성력, 기획력, 인맥, 소통능력, 거짓을 꿰뚫는 통찰력 등은 어느 시대에나 기본입니다. 새롭게 떠오르는 조건은 매체를 상황에 맞춰 활용하는 능력, 테크놀로지에 관한 지식, 비즈니스에 관한 지식, 만능이지만 최소한 세 개의 자신 있는 분야를 구비하는 능력, 지역과 국경을 넘는 힘, 고독과 견디는 힘, 교양 등 일곱 가지입니다.

그럼 이러한 능력은 어떻게 갖출 수 있을까요? 지금 소셜미디어에서 인기를 끄는 사람들은 단언적인 주관(속내)을 맘껏 펼치는 사람들입니다. 지금은 정보의 객관적인 가치가 아니라 주관적이고 확실한 속내를 즐기는 세상입니다. 그러므로 책을 읽고, 토론하고, 자기 생각을 글로 쓸 수 있어야 어떤 직업에서도 살아남을 수 있을 것입니다. 책 읽기야말로 인간이 살아남을 수 있는 역량을 키우는 최선의 길이라는 것을 공유해야만 할 것입니다.

21세기 성숙 사회의
정보 편집력과 '놀이'

인공지능의 발달과 새로운 엔터테인먼트의 등장

『김대식의 인간 VS 기계』(동아시아)에서 김대식은 "결국 최악의 미래 시나리오는 인공지능 기술을 가진 기업들이 기본소득을 제공해 국민을 먹여 살리고, 24시간 케이블 TV가 자극적인 콘텐츠를 제공해 시선을 다른 곳으로 돌리는 겁니다. 엔터테인먼트 역할은 정말로 블루오션입니다. 완전히 새로운 형태의 엔터테인먼트가 생길 수도 있습니다"라고 예상했습니다.

저는 요즘 과학칼럼을 가장 많이 쓰는 서대문자연사박물관 이정모 관장에게 "『김대식의 인간 VS 기계』를 읽어보니 앞으로 2000년 전의 로마시대로 돌아간다던데요?"라는 질문을 던진 적이 있습니다. 그랬더니 "앞으로 기계(인공지능)가 모든 일을 하는 세상이 오게 되니 인간은 무조건 잘 놀기만 하면 되는 세상이 온다고 하네요"라는 대답이 돌아왔습니다.

중세 로마시대의 중산층은 군인들이었습니다. 하지만 로마의 산업은 농업이었고 군인들 역시 본래 직업은 농부였습니다. 그러니 로마군대는 봄에 출정해서 가을까지는 돌아와야 했습니다. 봄에 씨를 뿌리고, 가을에는 수확을 해야 하기 때문입니다. 그러나 전쟁에서 계속 승리하면서 문제가 생겼습니다. 영국과 중동까지 전쟁의 범위를 넓히다 보니 전쟁을 끝내고 돌아오는 데 5~6년이나 걸렸습니다. 중산층 남자들이 5~6년 동안 전쟁터에 있으니 그들의 가정은 수입이 없었습니다. 그러다 보니 빚이 늘어나 땅을 팔아 생활을 유지했습니다. 땅을 산 사람들은 주로 전쟁에 참가하지 않는 나이의 돈 많은 노인들이었습니다. 그들을 '세넥스'라 불렀습니다. 세넥스가 땅을 사고 중산층은 계속 집도 팔고, 땅도 팔고, 동물도 팔다가 더 이상 팔 게 없으면 몸종이 되었습니다. 5~6년 만에 남자들이 돌아오면 땅도 없고, 집도 없고, 동물도 없고, 아내와 딸들은 모두 몸종이 되어 있었습니다.

하지만 또 다른 문제는 남자들이 일자리를 찾을 수 없다는 것이었습니다. 일은 전쟁에서 이길 때마다 생긴 수백만 명의 포로, 즉 노예가 도맡아 했습니다. 노예들을 통해서 얻은 새로운 생산성과 부는 로마의 극히 일부 사람들에게 주어졌습니다. 바로 몇 천 명 정도였을 것으로 추정되는 세넥스에게 부가 집중되었습니다. 결국 중산층은 다 사라지고, 로마 시민의 반 이상이 실질적 실업자가 되었습니다. 국민의 대부분이 먹고살 직업이 없고, 시간이 남으니 폭동 혹은 혁명이 일어날 분위기가 조성됐습니다. 그래서 어느 순간부터 국가가 로마 시민들을 먹여 살리기 시작했습니다. '기본소득'을 시행해 1년에 한 사람당 돼지고기 몇 킬로그램, 와인과 올리브유 몇 리터, 밀가루 몇 포대 등 굶어 죽지 않을 만큼 기본적인 것들을 나눠줬습니다. 그리고 일을 할 수 없어 시간이 남아도는 이들에게 로마는 엔터테인먼트를 제공했습니다. 로마 유적의 대부분은 엔터테인먼트 기반의 건축물이고 대표적인 것이 콜로세움입니다. 콜로세움에서는 하루에 16시간 동안 잔인한 경기를 보여줬습니다. 화려한 목욕탕도 있었습니다. 모두 무료였습니다. 대부분의 중산층들이 스스로 생산적인 일을 해서 살아남을 수 없고, 그대로 두면 폭동이 일어날 수도 있으니, 먹고살게 해주고 다른 생각을 하지 못하게 장시간 엔터테인먼트를 제공한 것입니다.

그럼 오늘날은 어떨까요? 세상은 김대식의 말처럼 실제로 그런 방향으로 진행되고 있습니다. 기술이 발달할수록 인간의 일자리는 사라지고 지금은 노인, 청년, 실업자, 저소득층, 신혼부부 등 특수계층에게만 생활보조금을 지급하는 수준이지만 곧 모든 사람들에게 '기본소득'을 제공하게 될 것입니다. 네덜란드에서는 이미 60만원가량 나눠주고 있다고 합니다. 『어쩌다 한국은』(박성호, 로고폴리스)에서도 "기본소득이라는 아이디어가 좌파적이건 우파적이건 상관없이,

위태롭게 벼랑 끝으로 달려가는 자본주의에 브레이크를 걸 수 있는 유일한 대안"이라고 했습니다.

레고형 사고와 정보 편집력이 요구되는 시대

오늘날은 인간이 기계(인공지능)와 경쟁해야 하는 시대입니다. 과거에는 누구나 시민으로서 갖춰야 할 일정한 능력만 갖추면 평생 동안 살아낼 수 있었습니다. 그러나 이제는 오로지 남과 차별되는 능력을 가져야만 경쟁에서 살아남을 수 있습니다.

『책을 읽는 사람만이 손에 넣는 것』(비즈니스북스)의 저자인 후지하라 가즈히로는 성장 사회였던 20세기가 "'다 같이'라는 감각이 강한 사회"였다면 성숙 사회인 21세기는 "'개개인 각자'라는 감각이 강한 사회"라고 말합니다. 이런 사회에서 개인에게는 어떤 능력이 요구될까요? 20세기에는 퍼즐형 사고와 정보 처리력이 요구되었다면, 21세기에는 레고형 사고와 '정보 편집력'이 필수적인 기량이라는 것이 후지하라가 내린 결론입니다.

정보 처리력은 "조금이라도 빨리 정답을 찾아내는 힘"입니다. 과거의 교육은 주로 '보이는 학력'이라는 정보 처리력을 키우는 것이 목적이었습니다. 정보 편집력은 "익힌 지식과 기술을 조합해서 '모두가 수긍하는 답'을 도출하는 힘"입니다. 이제 정답을 맞히는 것이 아니라, 수긍할 수 있는 답을 만들어 낼 수 있는 사람만이 경쟁에서 이길 수 있습니다. 모두가 수긍하는 답을 도출하려면 단순히 퍼즐

조각을 정해져 있는 장소에 넣는 것이 아니라 레고 블록처럼 새롭게 조립할 줄 알아야만 합니다. 이제 정답은 하나가 아닙니다. 조합 방법에 따라 무궁무진합니다. 그런 가운데 자기 나름의 세계관을 만들어낼 수 있어야만 합니다.

정보 편집력이 중요해졌다고 해서 정보 처리력의 중요성이 사라진 것은 아닙니다. 둘은 자동차의 양바퀴와 같습니다. 어려서는 정보 처리력에 비중을 두어 기초 학력을 키우는 것이 중심이 되어야 하지만 나이가 들수록 정보 편집력의 비중을 높여야 합니다. 그렇다면 정보 편집력을 어떻게 키워나갈 수 있을까요? 저자는 다섯 가지 응용력과 하나의 기술을 제시합니다.

다섯 가지 응용력은 소통하는 힘(다른 생각을 지닌 타인과 교류하면서 자신을 성장시키는 기술), 논리적으로 생각하는 힘(상식이나 전제를 의심하면서 유연하게 복안사고를 하는 기술), 시뮬레이션하는 힘(머릿속에서 모델을 그려 시행착오를 거치면서 유추하는 기술), 롤플레잉하는 힘(상대방의 입장에서 생각이나 마음을 상상하는 기술), 프리젠테이션하는 힘(상대방과 아이디어를 공유하기 위한 표현 기술) 등입니다. 후지하라는 비판적 사고력을 뜻하는 '크리티컬 싱킹'이 다섯 가지 능력과 더불어 정보 편집력을 높이기 위해 반드시 필요한 기술이라고 말합니다. 크리티컬 싱킹의 본질은 "자신의 머리로 생각하여 주체적인 의견을 지니는 태도, 즉 본질을 통찰하는 능력"을 말합니다.

이런 능력은 어떻게 키워질까요? 후지하라는 이 시대를 살아가기 위한 유일한 열쇠는 바로 책 안에 있다고 말합니다. 독서를 통해 우리는 살아가는 데 정말 필요한 두 가지 힘, 즉 '집중력'과 '균형 감각'을 익힐 수 있다는 것이지요. 나아가 책만 읽는다고 해서 정보 편집력이 키워지지 않는다는 것도 강조합니다. 그러면 무엇이 더 필요할까요? "정보 편집력을 확실하게 내 것으로 만들기 위해서는 예기치 못한 만남이 중요하며, 그것을 일상적으로 체험할 수 있는 것이 바로 '놀이'"라고 합니다. 그 이유를 들어볼까요?

"우리는 놀이를 통해 문제에 부닥쳤을 때 그 문제를 어떻게 극복할 것인지, 이런 위기 상황을 어떻게 모면할 것인지 고민하게 된다. 그때그때 일어나는 복잡한 상황에서 다양한 정보를 수용하고 판단하다 보면 자신도 모르게 정보 편집력이 키워진다. 또 이런 과정을 통해 자연스럽게 일상에서 부닥치는 문제를 해결하는 능력 또한 키울 수 있다. 어떤 놀이라도 다양하고 복잡하며 변화가 풍부하다. 막상 해보지 않으면 알 수 없는 요소가 많아 늘 수정이 필요하다. 즉 '정답주의'로는 놀이를 즐길 수 없다는 말이다. 놀이는 성숙 사회에 꼭 필요한 정보 편집력의 토대가 된다. 특히 어린 자녀를 둔 독자들에게 당부하고 싶은 말이 있다. 아이가 열 살까지 얼마나 실컷 놀았느냐에 따라 아이의 상상력이 좌우된다는 사실을 절대 잊지 말자."

문화심리학자인 김정운 박사도 2005년에 펴낸 『노는 만큼 성공한다』에서부터 "모든 창조적 행위는 유희이자 놀이"라는 사실을 강조해왔습니다. 그는 즐거운 창조적 행위의 구체적 방법론이 바로 '에디톨로지'라고 말합니다. 김정운은 지식 편집의 권력이 바뀌고 있음을 인정해야 한다고 말합니다. "1년에 1,000만 원에 가까운 등록금을 내고 배워야 하는 대학 강의의 대부분은 이제 아주 간단한 인터넷 검색으로 얼마든지 보고 들을 수 있"는 세상입니다. 이런 세상에서 지식인은 정보를 많이 알고 있는 사람이 아닙니다. "오늘날의 지식인은 정보와 정보의 관계를 '잘 엮어내는 사람'이고 천재는 정보와 정보의 관계를 '남들과는 전혀 다른 방식으로 엮어내는 사람'"입니다.

과거와는 전혀 다른 방식의 지식 구성원리가 지배하고 있기에 "'에디톨로지'에 기초한 '하이퍼텍스트'의 시대, 즉 탈텍스트의 시대가 시작"되었습니다. 그러니 이제 우리는 이야기를 잘 만들어내는 것 이상으로 이야기들을 엮어 새로운 이야기를 만들어내는 편집을 즐기거나 이야기를 둘러싼 새로운 이야기, 즉 콘텍스트를 만들어내는 능력이 더욱 중요해졌습니다.

현대인들은 '엑스퍼트(expert)'가 아닌, '프로페셔널(professional)'이 되어야 합니다. 엑스퍼트가 '한 분야에서 전문 지식과 풍부한 경험으로 돈을 버는 사람'이라면, 프로페셔널은 '전문 분야에서 지식과 경험을 갖추고 상대의 요구에 맞춰 이를 적절히 제공할 수 있는 능력을 갖춘 사람'입니다. 전기드릴이 잘 팔리는 상황을 보고 '더 성능이 좋은 드릴을 팔자'고 생각하는 사람이 엑스퍼트라면, '고객이 원하는 것은 드릴이 아니라 구멍을 뚫는 일이구나'를 생각하는 이가 프로페셔널입니다.

우리 사회는 아직까지 시험을 잘 봐서 좋은 자리를 차지한 '수험 엘리트'가 지배하고 있는 것처럼 보입니다. 하지만 정답을 찾는 데에만 혈안이 되어 공부한 그들은 급격하게 도태되고 있습니다. 중산 층이었던 그들이 급격하게 몰락하면서 새로운 실력자들이 떠오르고 있습니다. 바로 어떤 상황에서도 자신이 알고 있는 모든 지식을 편집해 해답을 찾는 능력을 갖춘 이들입니다. 그렇습니다. 편집 능력을 갖춘 사람이야말로 진정한 프로페셔널이 될 수 있습니다.

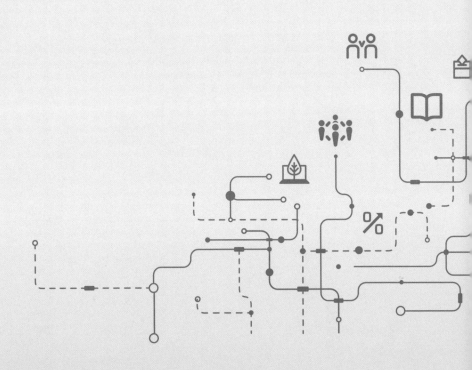

2부
인공지능 시대를 바라보는 시선

정치, 경제, 사회, 출판으로 바라보는 21세기

베이비붐 세대의 은퇴와 '어른 아이' 40대

2013년을 한 달여 앞두고 미래 예측서들을 읽어보았습니다. 전에는 이런 책이 꽤나 나왔는데 이제는 이마저도 빈약하군요. 마치 달력을 얻기 어려운 것처럼요.

경제전문가들은 2013년부터 2015년 사이에 다시 글로벌 경제 침체가 올 수도 있다고 예상했습니다. 김대중 정부가 출범한 이후 새 대통령이 취임하는 해마다 심각한 경제위기를 겪은 바 있는 우리는 올해도 무척 걱정했습니다. 다행히 아직 심각할 정도의 파탄은 벌어지지 않았지만 연말의 정국이 걱정입니다. 위기가 잠시 미뤄졌을 뿐인데 과연 우리가 이러고 있어도 될 것인지 걱정이 태산 같습니다.

『앞으로 5년 결정적 미래』(머니투데이 특별취재팀, 비즈니스북스)에서는 급변할 미래 5년의 한가운데에 '저출산 고령화'가 놓여 있다고 말합니다. 성장과 복지를 동시에 해결해야 하는 우리나라는 2001년 이후 10년째 초저출산 기준인 출산율 1.3명을 밑돌고 있는 암초가 도사리고 있습니다. 일할 사람은 줄어드는 반면 부양해야 할 노인들이 급증할 뿐만 아니라 연금 제도가 발달되지 않은 채 고령화도 빠르게 진행되는 특성이 있는 우리나라는 65세 이상 노인의 40%가 연금을 받지 못할 정도로 노인 빈곤율이 심각한 상황입니다.

우리 정부는 여성과 고령층에 대한 양질의 일자리 제공과 양육비 지원 등을 저출산 고령화 문제의 해법으로 제시하고 있지만 과연 그게 해결책이 될까요? 이 책에서는 경제예측 전문가인 해리 덴트도 글로벌 경제의 가장 큰 리스크가 '고령화'라고 지적하고 있더군요. 그는 베이비붐 세대의 존재 여부가 결정적 열쇠를 쥐고 있다고 단언합니다. 고등 교육을 받은 외국인들의 이민을 장려하라는 한국에 대한 그의 충고가 오히려 설득력이 있어 보입니다.

우리나라는 1차 베이비붐 세대(1955~1963년생)가 이미 은퇴를 시작했습니다. 그들은 "현실은퇴시점(57세)과 희망은퇴시점(63세)이 달라 소득 공백이 예상되고, 노후 준비가 상대적으로 덜 되어 있어 구매력이 낮을 것"이기 때문에 소비가 둔화될 것으로 예측됩니다. 그래서일까요? 『트렌드코리아 2014』(김난도 외, 미래의창)와 『라이프 트렌드 2014 그녀의 작은 사치』(김용섭, 부키)는 한목소리로 40대를 주목하고 있습니다.

『트렌드코리아 2014』는 2014년의 키워드로 '스웨그(SWAG)'한

마력, 육체노동에의 회귀, 젊음을 추구하는 중년층, 노동복에서 명품으로의 재해석, 직구적인 솔직함 등의 느낌을 가장 잘 전달하는 '다크호스(DARK HORSES)'를 선정했습니다. 이 책이 내세운 참을 수 없는 스웨그의 가벼움, 몸이 답이다, 초니치(ultra-niches) 틈새의 틈새를 찾아라 등 10가지 전망 가운데 "'어른 아이' 40대"라는 전망이 가장 솔깃했습니다.

이 책에서 말하는 40대는 1966년부터 1974년에 태어난 2차 베이비붐 세대입니다. 이 세대는 1차 베이비붐 세대보다 50여만 명이 많은 최다 인구층이면서 그동안 주목받지 못하고 '잊힌 세대(forgotten generation)'라 해서 'F세대'로 불리기도 합니다. 초등학생 시절에 PC, 20대에 인터넷을 경험하는 등 늘 시대의 변혁 속에서 기술 혁명의 중심에 놓여 있었기에 이들 40대는 "변화를 주저하지 않고 받아들이며 가장 빠르게 적응해 온 세대"이며 "언제나 시대를 이끄는 얼리어답터"이기도 했습니다.

이 세대의 중심에는 '70년 개띠'가 있습니다. 교복을 한 번도 입지 않은 이들은 1986년 아시안게임, 1987년 6월항쟁, 1988년 올림픽이 벌어지던 시기에 고등학생이었습니다. 대학생 때는 해외여행 자유화 조치로 배낭여행도 다녀왔습니다. 20대 후반의 결정적 시기에는 '외환위기', 30대 후반에는 '글로벌 금융위기'로 정말 힘겨운 세월을 보냈습니다. 그래서인지 유난히 싱글이 많습니다.

이제 사회적 성공에 어쩔 수 없는 한계가 있음을 깨달은 40대가

"거창한 꿈은 가슴에 묻어두고 소소한 일상에서 즐거움을 추구하며 그 속에서 진정한 자아를 발견하려고" 할 것이며, "일에서 찾던 정체성이 수집과 취미활동을 통해 다차원적으로 발현되고 있"으며, 이제 이들에게 "가장 소중한 것은 거대한 포부와 보상이 아니라 일상에서 실현 가능한 작은 행복"이라고 하네요.

『라이프트렌드 2014 그녀의 작은 사치』의 저자도 이들 40대가 강하고 책임감 있고 능력 있는 남성이나 가장이라는 '삶'의 무게를 내려놓고 있답니다. 탱고라는 탈출구를 찾고, '록페'를 달구고, 명품 시계를 탐하고, 시사지가 아닌 패션지를 펼쳐 들고, 행커치프와 보타이와 양말에 신경 쓸 정도로 몸단장에 열중하고, 화장에 네일케어까지 받는 그루밍족이 되기도 한답니다. 그들은 이제 '강한 남자'라는 가면을 벗고, 있는 그대로 약한 모습을 보여 주며, 위로도 받고, 소소한 행복에 만족하며 살겠다는 것입니다. 그래서 '찌질남'과 '초식남'이 뜨고, 걸그룹에 열광하는 '삼촌팬'이 늘어나고 있답니다.

정보기술 혁명의 태풍을 선두에서 맞이하고 경제위기의 최대 피해자라는 것은 충분히 이해합니다. 그러나 40대는 언제나 사회의 중추였습니다. 그들이 이렇게 거침없이 '집'을 나가서 노는 것에만 열중하면 이 나라는 어떻게 될까요?

완전한 도서정가제가 '답'이다

2013년 출판시장을 다소 식상하게 표현하자면 '단군 이래 최악의 불황'을 겪었습니다. 출판 산업의 생산·유통·판매 지표가 크게 악화되어 이구동성으로 그런 말밖에 할 수 없는 상황인 것은 분명합니다. 그래서 출판 생태계를 재구축해야 한다는 취지로 2013년 12월 9일 대한출판문화회관 강당에서는 대한출판문화협회와 한국출판연구소 공동 주최로 '한국 출판의 위기 극복 방안 대토론회'가 열렸습니다.

그 자리에서 한 출판물류업체의 빅데이터를 분석한 한 연구자는 "지난 4년간 평균 10%씩 매출이 감소해왔다. 특히 1만 부 이상 출고 도서의 총 출고부수와 종수는 지난 4년 사이에 절반 이상 감소했다. 1,000부 미만 출고 도서의 경우는 출고부수는 소폭 감소했지만 종수는 18.3%나 늘었다"는 사실을 발표했습니다.

간단히 말해 이른바 베스트셀러의 판매부수와 종수가 절반 수준으로 줄어들었다는 것입니다. 2009년에 신경숙의 『엄마를 부탁해』가 9개월 만에 밀리언셀러에 오른 이후 2010년의 『정의란 무엇인가』(마이클 샌델), 2011년 『아프니까 청춘이다』(김난도), 2012년의 『멈추면, 비로소 보이는 것들』(혜민 스님) 등의 책이 해마다 밀리언셀러에 오르는 기간을 단축해왔지만 실제로 1만 부 이상 팔리는 책의 종수는 크게 줄었다는 것입니다. 2013년 밀리언셀러에 오른 책은 세 권 합쳐 100만 부를 돌파한 조정래의 『정글만리』가 유일합니다. 출판사들의 극단적인 베스트셀러 중심주의가 한계에 다다라 사실상 밀리언셀러가 실종한 것이 아닌가 여겨집니다.

다른 도매 기구의 한 간부는 "현재 전국적으로 (교양도서의) 신간을 전시하는 서점은 200개 안팎"이라며 "공공기관과 지역 서점 간 도서납품 의무화 등을 통해 지역 서점을 활성화시켜야 한다"고 주장했습니다. 한때 5,700개로 정점을 찍었던 서점 수는 현재 문방구를 겸하는 서점까지 포함해 1,700여 개로 줄어들었습니다.

이제 출판사가 신간을 펴내도 책을 진열할 서점이 없습니다. 그러니 갈수록 점유율을 높여가고 있는 온라인서점의 초기 화면에 책이 노출되는 것을 최고의 마케팅으로 여겼습니다. 그래서 신간이 나오면 서둘러 온라인서점으로 달려갔습니다. 가장 잘나간다는 온라인서점의 MD(머천다이저)는 책의 겉모습만 대강 훑어보고도 "이걸 책이라고 만들었어요?"라거나 "이 책이 팔린다고 생각하세요?"라며 핀잔을 일삼았지만 수많은 영업자들이 오로지 한 권이라도 더 팔아 보겠다는 일념으로 모욕을 감수했다지요.

하지만 모두가 모욕을 받지는 않았습니다. 지금 출판사들은 책 광고의 90% 이상을 온라인서점에 쏟아붓고 있습니다. 그러니 광고를 많이 하는 출판사, 책 출고가를 대폭 낮춰주는 출판사, 각종 이벤트 비용을 잘 부담하는 출판사들과의 '협조'는 잘 이뤄졌습니다. 추천을 빙자한 광고를 심하게 하다가 공정거래위원회에 적발돼 벌금을 물기도 했지요.

저는 2013년 10월 29일에 출판, 유통, 작가, 소비자단체 및 주요 업체 대표들이 모여 '책 읽는 사회 조성 및 출판 유통질서 확립 자율협약'을 맺는 자리에서 "사재기의 주범인 온라인서점들에 면죄부를 주는 행위를 그만두라"고 비판했습니다. 일반 교양서를 도서정가제 예외도서인 실용서로 둔갑해 과다 할인을 하거나 출간된 지 18개월이 지난 도서를 과다하게 할인하는 행위도 사실상 '유사 사재기'입니다. 사재기가 의심 가는 도서를 적발할 때 증거로 삼는 것의 대부분은 온라인서점의 판매데이터였습니다. 그 자리에는 4대 온라인서점의 대표들이 앉아 있었습니다. 이번의 협약에서 아주 특별했던 것은 "출판·유통업계는 유통과정에서 불건전 유통 행위를 조사할 수 있도록 '건전 유통 감시인' 제도를 두기로 한다"는 조항이었습니다. 온라인서점 안에 건전 유통을 감시하는 외부인을 두자는 것을 협약 안에 넣어야 할 만큼 온라인서점이 책 사재기 범죄의 공동정범 혹은 방조자로 여긴다는 사실이 확인됩니다.

말이 좀 심한가요? 하지만 책값에 대한 불신이나 베스트셀러에 대한 의심이 책에 대한 불신으로까지 이어진 것은 아닐까요? 게다가 출판인들이 정말 우려하는 것은 승승장구하던 온라인서점들의 매출마저 폭락하기 시작했다는 사실입니다. 따라서 저는 감히 주장합니다. 이제 한국의 출판사들이 온라인서점 몇 개 살리려고 고혈을 짜내는 일은 하루빨리 그만두어야 한다고 말입니다.

출판생태계를 살리는 최상의 길은 완전 도서정가제를 확립하는 것입니다. 지금 정가의 10% 이내에 모든 할인과 경품을 포함시키는 불구의 도서정가제가 국회에 상정되어 있습니다. 이 법안만이라도 수정 없이 통과되기를 정말 많은 출판인들과 서점인들이 간절하게 원하고 있습니다.(개정 도서정가제는 2014년 11월 21일부터 시행되었다.)

이 법안이 통과되면 온 가족이 서점에 방문해 서로 책을 고르는 기쁨을 누리는 일이 늘어날 것입니다. 각자가 책을 고른 이유를 밝히는 일만으로도 엄청난 공부가 될 것입니다. 뿐만 아니라 이런 일이 늘어나면 책의 다양성, 창의성, 의외성이 점차 늘어날 것입니다. 양질의 책을, 언제 어디서나, 값싼 가격으로 구입할 수 있는 세상이 오면 출판사들은 경쟁적으로 책값을 내려야만 할 것입니다. 그렇지 않고는 도저히 살아남을 수 없을 테니까요. 제발 서둘러 법을 통과시켜 주시길 간곡히 부탁드립니다.

신빈곤층의 시대,
한국의 빈곤

일본의 〈주간 동양경제〉 2011년 송년호는 '2012년 대예측'을 특집으로 꾸리고 113가지 테마에 대한 일목요연한 설명을 담았습니다. '유럽의 벼랑 끝 위기' '블록 경제화' '커지는 격차' '정치 원년' '전력 격진(激震)' 등 다섯 가지를 주요 테마로 설정했는데, 그중 '월스트리트를 점령하라'는 시위 사진을 배경으로 제시된 세 번째 테마 기사의 제목이 한눈에 들어왔습니다.

"양극화가 심해지는 미국사회 3명 중 1명은 빈곤층으로."

저는 세계가 부러워하는 중산층의 나라 미국이 미연방 국세(國勢)조사국이 밝힌 '신빈곤 기준에 따르면 3명 중 1명이 빈곤층이거나 빈곤예비군이 된다'는 지적에 큰 충격을 받았습니다. 기사에는 스탠퍼드대학교의 보고서를 인용해 "1970년대에 미국의 65%를 차지하던 중산층이 2007년도에는 20% 이하로 격감"하고 "부유층과 빈곤층이 각각 2배로 확대"되었다는 사실도 적시되어 있었습니다.

『불평등의 대가』(열린책들)는 노벨경제학상을 수상한 조지프 스티글리츠 미 컬럼비아대 교수가 불평등이 날로 심화되는 오늘의 미국 사회를 분석한 책입니다. "우리는 99%다"라는 슬로건의 출현은 미국의 불평등 문제에 대한 논쟁에서 중요한 전환점이라고 말하는 스티글리츠는 "1%에 속하는 사람들은 막대한 부를 움켜쥔 채 승승장구하면서 나머지 99%는 불안과 걱정만을 안겨주었다"고 미국 사회를 격렬하게 비판했습니다.

사회투자지원재단 부설 사회적경제연구센터 신명호 소장의 『빈곤을 보는 눈』(개마고원)은 "한국 사회의 가난에 대한 진실과 거짓"을 담은 책입니다. 저는 이 책을 읽으면서 우리나라도 3명 중 1명은 빈곤층이 아닐까 생각해보았습니다. 하루 평균 생활비 1.25달러라는 유엔의 절대빈곤 기준을 대입하면 우리나라에서 빈곤층을 찾기는 어려울 것입니다. 그러나 "어떤 사회에서 최저한의 삶이란, 그저 간신히 목숨만 부지하는 삶이 아니라 그 사회의 한 구성원으로서 최소한의 도리를 하면서 살아가는 삶"이란 전제를 대입하면 상황이 달라질 것입니다.

OECD의 통계에 따르면 국민소득 2만 달러를 겨우 넘긴 우리나라의 빈곤율(중위소득의 50% 이하 소득으로 살아가는 사람들의 비율)은 15%로, 우리보다 국민소득이 월등히 높은 미국(4만 9,600달러)의 17.3%와 일본(4만 6,972달러)의 15.7%보다 낮은 수준이긴 하지만 저소득층이 중산층으로 올라서기 어려워지고 청년 취업난, 더 이상 개천에서 용이 나지 않는 사회, 빈곤의 대물림 등이 굳어지고 있어 이제는 우리도 "빈곤을 준비해야 할 때"인 것만은 분명해 보입니다.

빈곤은 개인적 차원으로만 설명해서는 곤란합니다. 가난은 "자본주의 체제에서 필연적으로 나타나는 불평등의 한 극단적인 양태"인 것만은 분명합니다. 오늘날 자본주의 체제에서는 "자본가와 노동자 간 불평등한 계급적 관계가 늘 재생산될 뿐만 아니라, 각종 자원(재산·권력·학벌·연줄·건강 등)을 많이 가진 계층과 그렇지 못한 계층 사이에, 그리고 남성과 여성, 주류와 소수자 그룹 사이에 언제나 차별과 불평등이 존재"하는 법 아닌가요.

빈곤은 다차원적이고 복합적입니다. 198만 가구로 추정되는 '하우스푸어'와 전세대란으로 애간장을 태우는 '렌트푸어' 등 최소한의 인간다운 삶의 공간을 가지지 못한 사람들을 빈곤층에 포함시킨다면 우리 사회의 빈곤층은 크게 늘어날 것입니다. '푸어(poor)'층을 빈곤층과 동일시하는 것은 적절치 않아 보이지만 심정적으로는 같지 않을까요.

빈곤을 낳는 가장 큰 연원은 부족하고 불안정한 일자리입니다. 물론 고용의 질도 중요하겠지요. 한국은 비정규직 비율이 32~35%

수준으로 OECD 34개국 가운데 단연 1위입니다. 저임금 근로자 비율과 계층 간 근로소득격차도 세계 1위인 데다 자살률, 상대빈곤율, 불평등지수 등과 함께 고용불안정에서도 부끄러운 최상위권 순위에 올라 있습니다. 일자리 가운데 자영업자 비율이 25% 수준을 오르내리지만 그중 90% 이상이 영세자영업자라 열에 아홉은 망하기 일쑤입니다.

신 소장은 "노동자를 공생의 동반자로 보지 않고 한낱 소모품으로 여기는 대자본의 태도와 기업문화는 늘 그들 편에만 섰던 정치권력이 방조하고 조장한 결과물"이며 "개발독재정권은 과거의 가난을 몰아내는 데 기여했지만, 오늘날 새로운 가난이 생겨나는 원인을 제공한 것도 엄연한 사실"이라고 말합니다.

미국의 경영자들은 "노동자들에게 들어가는 비용을 줄이기 위해 계약직 고용, 저임금 및 성과급 체제, 상시적 구조조정 등을 활용하는 한편 후생 복리 같은 것은 철저히 외면"했습니다. "낮은 임금을 주다가 아무 때고 해고할 수 있는 '노동 유연화' 전략에 간혹 노동조합이 맞서는 경우에는 가차 없이 대응"해왔습니다. 경제의 글로벌화와 과학기술의 변화가 미국의 불평등과 빈곤을 더욱 심화시켰습니다. 그 덕에 G1 미국은 3명 중 1명이 빈곤층으로 전락하는 치욕을 당하고 있습니다.

우리나라는 미국보다 사회안전망이 높은 것은 사실입니다. 그러나 박근혜 정부의 철도파업이나 전교조를 대하는 작금의 태도를 보면 개발독재 시대로 되돌아간 것 같습니다. 신 소장은 빈곤은 개인 차원의 문제가 아니라 정치로 해결할 수 있는 사회적 차원의 문제라고 역설합니다. 바야흐로 '신빈곤층의 시대', 이제 새로운 대처가 필요한 때입니다.

개인의 자전적인 이야기는 역사의 길잡이가 된다

고희를 맞이한 작가 서영은은 『꽃들은 어디로 갔나』에서 1995년에 작고한 30년 연상의 작가 김동리와의 사랑을 써늘한 시선으로 담담하게 털어놓았습니다. "사적 감정을 배제하고 오로지 작가로서 삶의 진실, 인간성의 깊이를 드러내는 데 초점을 맞"춘 것을 제외하고는 모두 사실이라는 작가는 "사랑은 목숨 같은 거야. 목숨을 지키려면 의지를 가져야 해. 그 사람에게 고통을 준다고 생각하지 말고, 니 목숨을 지킨다고 생각"하라는 연인의 격려에 모든 난관을 극복할 수 있었다고 말합니다.

재미교포인 이서희는 자전적 에세이 『관능적인 삶』에서 자기 삶의 관능과 욕망을 농밀하고도 솔직하게 털어놓아 한 작가로부터 '한국의 사강'이라는 호칭까지 얻었습니다. 작가가 만약 한국에서 살고 있다면 성장 과정에서의 성 경험까지 쓸 수 있었을지 모르겠습니다. 하지만 작가는 허구와 실제가 혼돈되어 있는 소설로 더 적나라한 글을 쓰고 싶다는 소회를 털어놓았습니다.

자전소설과 자전적인 이야기의 차이는 무엇일까요? 우리 민족은 일제 식민지 지배와 동족끼리의 전쟁, 장기 군사독재를 겪는 과정에서 인간으로서는 도저히 겪을 수 없는 치욕을 무수히 겪었습니다. 5공화국 신군부에 의해 치욕의 고문을 당한 경험을 적나라하게 그린 한수산의 『용서를 위하여』를 다시 읽어보면서 저는 우리가 모르는 절명(絶命)이 얼마나 많이 벌어졌을까를 생각했습니다. 한수산과 소설책 출간을 이유로 몇 번 만난 것 때문에 잡혀가 받은 고문으로 고통받다가 세상을 뜬 박정만 시인은 길을 가다가 멀쩡한 하늘에서 떨어진 돌을 맞은 꼴이 아닐까요?

저는 어찌 됐든 한국의 고통스러운 현대사가 우리 문학의 수준을 무척 높였다고 생각합니다. 대표적인 사례가 박완서입니다. 제가 몇 년 전에 『베스트셀러 30년』을 쓰면서 지난 시절의 베스트셀러를 다시 읽어본 소감으로는 박완서는 삶 자체가 문학이 아니었나 싶을 정도로 사실감이 높았습니다. 최근에 출간된 작가의 중단편선집 『대범한 밥상』을 다시 읽어보니 특히 생때같은 아들을 잃은 참척의 고통을 그린 단편 '나의 가장 나종 지니인 것'에서는 한 어머니의 슬픔이 시대의 아픔으로 승화되어 절절한 감동을 안겨주었습니다.

수많은 작가들이 자전적인 소설로 문명을 얻었습니다. 부랑노동자의 삶을 그린『객지』, 베트남전쟁의 체험을 담은『무기의 그늘』, 청년기의 성장과정을 그린『개밥바라기별』등의 황석영, '제주 4·3 사건'을 다룬『순이 삼촌』『변방에 우짖는 새』의 현기영,『외딴 방』의 신경숙,『무소의 뿔처럼 혼자서 가라』의 공지영,『새의 선물』의 은희경 등은 모두 자전적인 소설이 대표작이자 출세작인 작가들이라고 볼 수 있습니다. 1993년에 절필을 선언했던 박범신이 다시 돌아와 절필 이유를 소상히 밝힌『흰소가 끄는 수레』와 아버지가 대중작가라고 비판받는 것이 괴로워 가출했던 아들이 돌아오자 함께 대화를 나누는 〈제비나비의 꿈〉에 등장하는 주인공은 그야말로 작가의 분신일 것입니다.

2010년에 네 권으로 구성된 '자전소설 모음집'인『자전소설』(강)이 나왔을 때 문학평론가 신수정은 '자전소설'을 일러 "오로지 소설가로만 살아가도록 운명 지어진 어떤 순금의 시간이 발굴되는 현장"이라면서 "세상의 모든 소설은 자전소설"이라고 규정지었습니다. 이 작품집에 실린 정이현의 '삼풍백화점'은 작가에게 '현대문학상' 수상의 영광을 안기기도 했는데 작가는 2013년에 펴낸『안녕, 내 모든 것』에서도 '삼풍백화점' 붕괴로 친구를 잃은 아픔이 얼마나 질기게 작가의 관념을 지배하는지를 잘 보여주었습니다.

그렇다면 자전적인 이야기는 어떤가요? 1993년에 출간된『역사 앞에서』는 사학자인 김성칠이 6·25 당시 불과 사흘 만에 함락된 서울의 인공 치하 3개월을 사실 그대로 정리한 일기입니다. 언론사마저 황망하게 도주하는 바람에 그 시기에는 일간신문마저 발행이 중단되었다고 합니다. 그 바람에 『역사 앞에서』는 그 시기를 제대로 정리한 유일한 기록이나 마찬가지입니다. 이렇게 사적 기록이 공적인 역사가 되기도 합니다.

당시에 이 일기를 읽고 나서 의미 있는 지식인의 일기를 찾아보니 '가람(이병기) 일기'가 유일했습니다. 그 이유가 무엇일까요? 역사학자 강만길은 팔순을 앞두고 펴낸 『역사가의 시간』에서 "세상의 상식적인 사람들 모두가 적으로 생각하는 민족의 다른 한쪽을 적이 아닌 동족으로 인식하면서 역사학의 전공자로서 정직한 일기를 쓰기란 불가능한 일이었다 해도 과언이 아닐 것"이라고 밝히고 있습니다. 세계 최장기 군사독재 권력이 개인의 일기까지 뒤져 사적인 만남을 반국가 조직의 모임으로 몰아가는 일이 다반사였으니 역사가가 일기를 쓰는 것마저 자유롭지 않았던 것은 분명합니다.

하지만 2012년에 출간된 『이오덕 일기』를 한번 보십시오. 1962년부터 2003년 작고하시기 이틀 전까지 쓰신 200자 원고지로 3만 7,986장이나 되는 분량의 일기에서 원고지 6,126장 분량만 추려내 다섯 권으로 출간되었습니다. 이 일기는 한국 현대 교육운동사로 읽어도 무방할 것입니다.

자신의 슬픈 개인사를 눈이 내려 완전히 덮어줄 때까지 기다리는 것만이 미덕이 아닙니다. 되도록 솔직하게 온전히 드러낸 것은 우리의 미래를 밝게 열어가는 역사의 길잡이가 될 것입니다.

이케아 세대의
'책과 우정'

일본 대학들은 1, 2학년 교양과정에서 인문과학에서부터 사회과학, 자연과학 그리고 예술에 이르기까지 폭넓은 '일반교양(기초적인 소양)'을 쌓을 수 있는 커리큘럼을 실시하고 있습니다. 이 교양과정을 영어로는 '리버럴 아츠'라고 부릅니다. 리버럴(Liberal)은 '자유'를 의미하고 아츠(Arts)는 '기술'을 뜻하니, 리버럴 아츠는 "인간을 자유롭게 하는 학문"이라고 번역됩니다. 이 단어의 기원은 고대 그리스로 거슬러 올라갑니다. 당시 그리스에는 노예제도가 있어 노예와 비노예를 구분하는 방법으로 학문의 중요성이 강조되었습니다. 간단히 말해 배움이 없는 자는 노예로 산다 해도 어쩔 수 없다는 뜻입니다.

교토대학에서 '의사결정론'과 '기업론' 강의를 맡은 다키모토 데쓰후미는 벤처기업의 성공사례를 중심으로 한 실천적인 기업경영 방법과 그 근거로 삼아야 할 사고를 가르쳤습니다. 그런데 수강생 중에 도쿄대학 의학부와 쌍벽을 이루는 교토대학의 의학부 학생이 40%나 된다는 사실을 알게 됐습니다. 졸업 후 전원이 의사가 되는 학생들이 왜 이 강의를 들었을까요? 일의 보람을 느끼면서 사회적 지위와 보수까지 얻을 수 있어 그야말로 평생 떵떵거리며 살 수 있는 안정된 인생이 보장되어 있는 엘리트 중의 엘리트들이 말입니다. 다키모토가 학생들에게 앙케트를 해보니 "의사가 되어도 행복해질 수 없다"거나 "의사가 부자가 되는 시대는 끝났다" 그리고 "일에서 느끼는 보람만으로 먹고살 수는 없으니 새로운 길을 찾아야 한다"는 등의 대답이 나왔습니다. 그가 강의를 토대로 쓴 『무기가 되는 결단사고』에 나오는 이야기입니다.

의료영리화를 반대하는 의사들이 2014년 3월 10일 파업을 했습니다. 원격진료가 허용되면 의사는 기계만도 못한 존재가 될 것입니다. 비용이 엄청난 대형 의료기기를 갖추기 어렵고 환자와의 거대한 네트워크를 조성할 수 없는 동네 병원은 모두 망할 수밖에 없습니다. 하지만 이미 바이오 기술은 어디까지 발전할지 아무도 모릅니다.

지금 인턴의 노동환경은 열악합니다. 또 의사가 되어도 마녀사냥과 같은 의료소송에 휘말릴 가능성이 높아졌습니다. 원격진료가 허용되면 대학병원에서 근무하는 이들은 격무에 시달리며 책임도 무거운 데 비해 연봉은 형편없어질 것입니다. 병원을 열어도 시장경쟁에서 살아남을 확률이 아주 낮습니다. 의료환경뿐만 아니라 사회 전반의 변화가 극심합니다. 따라서 과거의 사고로는 결코 살아갈 수 없습니다. 좋은 대학을 졸업하고 최고의 직장에 입사해도 개인의 행복은 보장되지 않습니다. '이케아 세대'를 보십시오. 『이케아 세대 그들의 역습이 시작됐다』(중앙북스)의 저자 전영수는 1978년생 만 35세를 중심으로 한 30대를 이케아 가구와 특성이 비슷하다며 '이케아 세대'라는 별칭을 붙였습니다.

스웨덴의 이케아 가구는 값이 싸고, 매력적인 디자인이 장점이고, 가격에 비해 품질이 좋고, 미완성의 제품이라 직접 조립해야 하는 수고로움이 있으며, 먼 미래를 내다보고 구입하는 가구가 아닙니다. 단군 이래 최고의 스펙을 쌓은 이케아 세대는 낮은 몸값에 팔려 나가고, 해외여행이나 어학연수, 유학 등을 경험해 해외 문화에 익숙하고 높은 안목을 지니고 있으며, 스펙 대비 단기고용이 가능하고, 삶의 중간단계에서 헤매고 있으며, 미래를 계획할 수 없는 삶을 살고 있습니다.

고용불안에 지치고 미래에 대한 절망에 빠진 이케아 세대는 취업 - 연애 - 결혼 - 출산 - 양육이라는 정규 코스를 거부하기 시작했습니다. "지금 이 순간 잘 사는 것"을 선택한 그들이 싱글로만 살아간다면 과연 이 나라에 미래가 있을까요? 이케아 세대에게 스펙을 쌓으라고 '강요'한 것은 그들의 부모입니다. 자식 잘되라고 그랬겠지만 이젠 스펙으로는 한계가 많습니다. 한때 그들은 '성공'을 꿈꾸며 자기계발서도 열심히 읽었습니다. 그러나 자기계발서 또한 결국 노예가 되는 가르침만 담겨 있었습니다.

이원석은 『거대한 사기극』에서 우리 사회에서 열광적으로 소비되어 왔던 자기계발서가 담고 있는 이데올로기는 "국가와 학교와 기업이 담당해야 할 몫을 개인에게 떠넘김으로써(민영화, 사교육, 비정규직 등), 사회 발전의 동력을 확보"하는 데 기여하는 거대한 사기극에 지나지 않는다고 주장했습니다. 그는 스스로 돕는 '자조(自助)' 사회에서 서로 돕는 '공조(共助)' 사회로 바꿔가야 한다는 대안을 내놓았습니다.

이지성은 『리딩으로 리드하라』에서 고전을 열심히 읽으면 남보다 성공할 수 있고, 돈도 많이 벌 수 있다고 주장했습니다. 하지만 이원석은 『공부란 무엇인가』에서 "고전에 대한 탐닉은 결코 돈과 권력을 벌기 위한 좋은 방법이 아니"라며 이지성과 대척점에 선 주장을 펼치고 있습니다. "노예(하류층)의 두려움"이나 "나도 언젠가는 주인(상류층)이 되겠다는 탐욕(과 이를 떠받치는 착각)"에서 벗어나 "당당하게 세상과 맞짱"뜰 것을 촉구하는 이원석은 "'책과 우정'이 필요하다"고 말합니다. "책을 통해 바르게 공부하고, 이를 위해 좋은 벗들과 함께할 수 있을 때에만, 오직 그때에만, 진정한 자유인으로 살아갈 수 있을 것"이라는 결론을 내놓았습니다. 그렇습니다. 친구들과 함께 책을 읽어야 합니다. 학문의 역사이기도 한 '공독(共讀)'만이 '나'의 꿈을 깨닫고, '너(타자)'를 이해하면서, '우리'라는 공동체의 비전을 함께 찾아가는 일이 될 것입니다.

'단속사회'의
자화상

문화사회학자 엄기호는 "편만 남고 곁이 파괴된 사회"를 분석한 『단속사회』(창비)를 펴냈습니다. 단속은 '쉴 새 없이 접속하고 끊임없이 차단하는(斷續)' 것을 의미합니다. 같고 비슷한 것에는 언제나 접속해 있지만 낯선 것(타자)이나 공적인 것과는 단절합니다. 또한 자신의 "의견을 아예 제시하지 않거나 불가피한 경우에만 최소한으로 드러내기 위해 자기검열 혹은 스스로를 단속(團束)하는 경향"이나 삶의 연속성을 잃은 "'연속의 반대'로서 단속의 뜻도 갖고 있습니다. 요약하면 '동일성에 대한 과잉접속'과 '타자성에 대한 과잉단속'으로 양극화된 사회가 단속사회입니다.

이런 사회가 된 것은 스마트폰과 스마트패드, 스마트TV를 일상적으로 이용하는 사람들을 일컫는 '호모스마트쿠스'의 등장과 밀접

한 관련이 있습니다. 새 종족은 스마트기기의 재생장치를 이용해 자신들이 필요한 정보만 언제 어디서나 자유롭게 소비합니다. 시간을 놓치면 볼 수 없었던 텔레비전 연속극이나 라디오 프로그램마저도 그들은 좋아하는 것만 골라 듣습니다. 아니 이제 라디오는 버리고 자신의 구미에 맞는 '팟캐스트'만 열렬히 듣습니다.

그들은 오래전부터 다운로드 세대가 아닌 업로드 세대입니다. 주어진 정보를 일방적으로 소비하는 사람들이 아닙니다. 그들은 데이터베이스화된 정보 중에서 자신의 마음에 드는 정보를 찾아 그것들을 연결해 '2차적 생산'을 한 다음 이 세상에 유일한 그것을 열렬히 즐깁니다. 아즈마 히로키는 『동물화하는 포스트모던』(문학동네)에서 이를 '데이터베이스적 소비'라고 일컬었습니다. 특히 날로 진화하고 있는 스마트기기가 제공하는 다양한 기능이 독자와 콘텐츠 제공자의 새로운 관계성을 만드는 결정적인 열쇠가 되고 있습니다.

요즘 한 명의 철학자가 신드롬을 만들어내고 있습니다. 철학자 강신주는 처음에 『장자, 차이를 횡단하는 즐거운 모험』(그린비) 같은 철학서로 실력을 인정받다가 『철학이 필요한 시간』(사계절)이 인문서로서는 단시간에 10만 부를 넘겼습니다. 이 책이 인기를 끌자 강연은 크게 늘어났습니다. 체제비판적인 그가 삼성경제연구소의 강연자로도 초대받았습니다. 이후 2011년 MBC 라디오의 〈김어준의 색다른 상담소〉('색담')에 패널로 초대됩니다. 이 프로는 6개월 만에 폐지됐지만 〈색담〉이 2012년에 김어준의 '벙커1'에서 〈강신주의 다상담〉으로 거듭나면서 강신주는 패널에서 진행자로 격상합니다. 이렇게 강신주라는 브랜드가 확실하게 형성된 다음 KBS '아침마당' 등에 출연하다가 SBS '힐링캠프'에까지 등장했습니다.

강신주가 '힐링캠프'에 등장하자 그의 책은 곧바로 인기가 폭발했습니다. 『강신주의 감정수업』(민음사)은 종합 베스트셀러 1위에 잠시 오른 이후 줄곧 5위 이내에서 맴돌고 있습니다. 물론 그의 다른 책들도 인기가 급상승했습니다. 소셜미디어에서도 그와 '접속'하려는 이들이 많습니다. 반면에 강신주의 '힐링 인문학'은 '성령부흥회'와 강력한 유사성이 있다거나 '자아성형산업'에 불과하다는 지식인들의 극단적인 비판도 등장했습니다.

강신주에게 열광하게 만드는 무기나 그의 안티들이 비호감으로 꼽는 것은 모두 돌직구와 막말의 경계를 쉼 없이 넘나드는 그의 '독설 화법'입니다. 그의 안티들은 철학에 정답이 없는 법인데 강신주는 너무 직설적으로 정답을 제시한다고 말합니다. 강신주 또한 이를 모르지 않습니다. 그는 『강신주의 다상담』(동녘) 1권에서 "만일 제가 C라는 입장을 가지고 있다면, 다른 의견인 A와 B는 언급도 하지 않습니다. 그냥 이렇게 이야기하지요. '저는 철학자입니다. 그러니 제 말을 믿으세요. C가 옳습니다. 나머지 A와 B는 일고의 가치도 없이 잘못된 것입니다.' 독선적으로 보일 만큼 단호한 제 어투 때문에 오해도 많이 샀지만, 그래도 가장 효과적인 강연 방법이었습니다"라고 말합니다.

강신주의 전략은 웹 공간에서는 매우 적절한 전략입니다. 사사키 노리히코 〈동양경제〉 온라인 편집장은 『5년 후 미디어는 돈을 벌까?』라는 책에서 웹에서는 "여운보다 단언, 건전보다 속내가 더 인기가 있다"고 말합니다. 종이책에서는 '내 생각은 이렇다' '이것이 옳다'고 단언하는 것은 심하다거나 품위가 없다고 여겨지지만 웹에서는 '…일 것이라 생각한다'라거나 '…가 아닐까 한다'와 같은 말은 큰 인상을 남길 수 없다는 뜻입니다. 따라서 사실을 단순화시키는 위험을 감수하더라도 반드시 '…이다'라고 단언해야 독자의 마음에 파고들 수 있습니다.

"세상은 거의 주관적으로 이루어져 있다. (실명으로) 주관을 내세우는 일을 두려워한다면 언론공간은 그저 사실을 나열하는 곳일 뿐이다. 이러한 무미건조한 콘텐츠가 넘치는 사이트에는 아무도 흥미를 갖지 않을 것이다. 주관이라는 것은 속내와 같다. 분위기에 맞춰 건전하게 가는 사람은 웹 공간에서 외면당한다"고 주장하는 사사키는 "자신의 생각에 믿음이 있다면 도망갈 길을 만들지 않고 불구덩이 속으로 뛰어들며 자신의 의견을 주장할 필요가 있다"고 말합니다.

소셜미디어에서 인기를 끄는 사람들은 모두 독설적이고 단언적인 주관(속내)을 맘껏 펼치는 사람들입니다. 지금은 정보의 객관적인 가치가 아니라 주관적이고 확실한 속내를 즐기는 세상입니다. 극단적인 속내가 넘치는 모습, 그게 바로 '단속사회'의 자화상 아닐까요?

경제민주화와
세월호 참사

박근혜 대통령은 2012년 7월 10일, 새누리당 대선 후보 출마선언을 하면서 '국민 행복'을 위한 정치를 하겠다며, "경제민주화 실현, 일자리 창출, 복지의 확대"를 "국민 행복을 위한 3대 핵심 과제"로 삼았습니다. 2012년 11월 16일에 다시 경제민주화 공약을 발표하면서 "경제적 약자 권익 보호, 공정거래 관련법 개선, 대기업 집단 관련 불법행위와 총수 일가 규제, 기업지배구조 개선, 금산분리 강화" 등을 경제민주화 5대 분야로 나누고 35개 실천과제를 제시했습니다.

하지만 『나부터 세상을 바꿀 순 없을까?』(강수돌, 이상북스)에 따르면 "쌍용자동차 국정조사와 공공부문 비정규직의 정규직화, 노인 기초연금 제공과 4대 중증환자 부담 무료화, 대학 반값등록금과 고교 무상교육, 군복무 기간 단축, 그리고 정리해고 요건 강화와 경제민주화를 약속했던 박근혜 대통령 공약(公約)이 시나브로 공약(空約)"으로 끝났습니다. "심지어 '국민이 반대하면 하지 않겠다'던 공공부문 민영화조차 '수서발 KTX 법인화' 사례와 같이 시험대에 올라" 있습니다.

꽃봉오리 같은 목숨을 대거 앗아간 세월호 참사가 터지자 박근혜 대통령은 현장으로 달려가셔서 피해자 가족과 대화를 나누며 많은 '공약'을 즉석에서 했습니다. 복지부동하는 관료들을 '발본색원' 혹은 '일벌백계'하겠다며 으름장을 수없이 놓았지만 부하들이 여전히 눈치만 보며 꼼짝하지 않으니 직접 달려간 충정만큼은 충분히 이해되었습니다.

하지만 텔레비전 화면에 비친 세월호 현장에서의 박근혜 대통령의 모습이 올해 들어서 갑자기 세월호처럼 방향을 급선회하여 '규제와의 전쟁'을 선포한 모습과 오버랩 되었습니다. "규제는 암덩어리"라는 보수 언론들의 아우성과 함께요. "온 국민이 침통에 빠진 세월호 참사는 MB 정권이 규제를 푼 엉터리 선박개조의 결과"이며 "MB 정권의 기업하기 좋은 '비즈니스 프렌드리'의 연장선"이라는 일부의 비판을 박 대통령은 귀담아 들어주셨으면 합니다. 이번 재앙은 비록 MB 정부가 뿌린 씨앗 때문이라 하더라도 박 대통령도 지금 새로운 악의 씨앗을 뿌리고 있는 것이라는 사실을 제발 깨닫기를 바랍니다.

승객들에겐 '가만히 있으라' 안내 방송하곤 자신들만 무전기로 연락하며 먼저 빠져나온 정신 나간 선장과 선원들, 늑장 구조에 나선 해경과 안일하게 초동 긴급대처를 못한 우왕좌왕 재난대책본부, 세월호 침몰 사고에 대한 정부의 무능력을 비판하는 희생자 가족들과 시민들을 "북괴의 지령에 놀아나는 좌파단체와 좌파 사이버 테러리스트"로 몰아간 새누리당 한기호 최고위원, 기념사진 찍겠다며 피해자 가족들에게 자리를 비켜달라고 요구한 안전행정부 국장 등과 자신이 한 공약을 거의 모두 헌신짝처럼 내던지고 재벌의 하수인 역할을 자처하는 박근혜 대통령의 차이를 저는 전혀 못 느끼겠더군요.

강수돌 교수는 "규제를 푼다는 것은 돈벌이 기업의 자유를 신장시키겠다는 것이며, 법질서를 세운다는 것은 파업하는 노동자나 비판적 지식인 등 모든 저항 세력을 척결하겠다는 뜻이다. 겉과 속이 다르다. 이것은 결국 지난 50년간의 성장정책과 다르지 않다"고 진단했습니다.

대학교수 한 분이 제게 보낸 사발통문 메일에는 "대통령은 그 나라 국민들의 수준이다. 책임지는 지도자를 뽑아야 한다. 정치 지도자에게 필요한 절대적 자질은 국민과의 소통과 공약을 지키는 신뢰이다. 안내 방송만 믿고 끝까지 남은 학생들만 희생당한 세월호는 오늘 한국 현실의 표본이다. 진리의 전당인 대학에서 학생들에게 무얼 가르쳐야 하는지, 깨어 있는 시민교육에 대해 고민해야 할 때"라는 내용이 담겨 있었습니다. 그렇습니다. 우리는 이제 진정한 지도자를 고민해야 할 때입니다.

『스스로 살아가는 힘』(더난출판)의 저자인 문요한 정신과 전문의는 "자신의 에너지를 다 소진해버리고 탈진 상태에 빠져버린" '번아웃 증후군(Burnout Syndrome)' 환자가 모든 직업군에서 크게 늘었다고 말합니다. 그는 그 이유를 이렇게 분석합니다.

> "자신의 상태는 아랑곳하지 않고 계속 자신을 몰아붙였기 때문이다. 마치 계기판에 연료부족을 알리는 경고등이 켜져 있는데도 계속 달리다가 멈춰선 자동차와 같다."

이게 바로 세월호이기도 하고 한국사회의 진정한 모습이 아닐까요?

우리의 삶은 갈수록 피폐해져 갑니다. 기술의 발달로 우리의 일자리가 하루아침에 사라져버리는 바람에 정말 대책 없이 당하는 경우가 갈수록 많아집니다. 더구나 '세월호 침몰' 같은 놀라운 사건들이 우리의 삶을 갈가리 찢어놓습니다. 경쟁 사회를 살아가는 국민들은 정말 한치 앞을 내다보기 어렵습니다.

강수돌 교수는 이런 때에 유행하는 것이 "강한 영웅을 찾는 구세주 담론"과 "자기계발, 웰빙, 힐링 등 개별 경쟁력 담론"이라고 말합니다. 박 대통령의 높은 지지도는 아마도 '구세주 담론'에 힘입은 바가 클 것이라고 저는 생각합니다. 강 교수는 "구세주건 개인적 힐링이건, 돈과 시간만 들고 결국 공허해진다. 우리에게 절실한 건 정치·경제, 사회·문화, 교육·노동 등 삶의 구조 전반을 혁신하는 '사회적 힐링'"이라고 말합니다. 그렇습니다. "'나부터' 창의적 변화에 동참하면서 친구나 이웃과 '더불어' 즐거운 마음으로 '사회적 힐링'을 같이 만들어"가야 할 때입니다. 그래야만 "남녀노소 모두 활기와 생기가 넘치는 공동체, 사람과 자연이 더불어 사는 생태마을"을 만들 수 있을 것이니까요.

사회를 바꾸려면
거리로 나서라

"한국에서도 사정은 그다지 다르지 않으리라 생각합니다만, 1980년대
부터 일본 사회에서는 모든 공동체가 무너져버렸습니다. 친족공동체의
유대는 약해졌고, 도시에서는 지역공동체가 거의 기능을 상실해버렸습
니다. 예전처럼 회사가 종신고용제를 채용한 시대에는 몇십 년이나 함
께 기거하는 사원들이 의사(擬似) 가족 같았습니다. 그러나 성과주의,
능력주의의 도입으로 점차 연봉계약 사원이 늘어감으로써 가족적인 친
밀감은 찾아볼 수 없어졌지요. 도회지의 임노동자들은 일반적으로 귀
속할 공동체가 아무것도 없는 상태가 되었습니다."

『절망의 시대를 건너는 법』(메멘토)의 공동저자인 우치다 다츠루
와 오카다 도시오가 한국 독자에게 전하는 말입니다. 그렇습니다.

'잃어버린 20년'을 살아내고 나니 고령화는 세계 최고의 수준이 되었고, 시장은 축소되었으며, 성장 전략은 발을 붙이기 어렵게 되었습니다. 그저 "돈 버는 일에만 집중하는 것이 효율적이고 똑똑한 삶의 방식"이라 생각하며 열심히 살아냈는데 문득 정신을 차려보니 "안전하지도 풍요롭지도 않은 나라"가 되고 말았습니다.

"아무리 열심히 일을 해도 절망적일 만큼 저임금인 데다 잠잘 시간도 확보하기 어려운 지경"에 이르렀습니다. 과거에는 가장이 혼자 일해서 몇 십 명의 대가족을 먹여 살릴 수 있었지만 지금은 부부가 맞벌이를 해도 살기가 힘들어 결혼마저 포기하는 지경에 이르렀습니다. 일본인들은 하나같이 가치의 중심을 잃어버린 채 '정어리 떼'가 되어 갔습니다.

일본 사회의 본질이 드러난 계기는 2011년의 '동일본 대지진'입니다. 저자들은 엄청난 재난이 벌어졌음에도 불구하고 "국민의 건강이나 안전을 저버리면서 대기업의 수익을 우선적으로 확보하려는 아베 정권의 행태"를 보고 시민들이 생활을 방어하기 위한 '자위 조직'을 형성해나가는 것이 당연하다고 말합니다.

이 책의 원제가 '평가와 증여의 사회학'인 것에서 알 수 있듯이 자위적인 공동체 조직의 기본원리는 '증여'(기부)로 집약됩니다. 저자들은 상대적으로 자원을 여유 있게 갖고 있는 나이 든 세대가 젊고 가난한 사람에게 '기회'를 주는 '증여 한 방'으로 사회적인 공평함을 위한 기초를 다질 수 있다고 말합니다.

『사회를 바꾸려면』(동아시아)의 저자인 오구마 에이지는 선거를 통해서 법안을 바꾸는 것보다 데모로 세상을 바꾸는 일이 중요하다고 말합니다. 2011년 월스트리트를 점거한 젊은이들이 "우리는 99퍼센트다"라고 외친 것을 대표적 사례로 듭니다. 조지프 스티글리츠가 『불평등의 대가』(열린책들)에서 지적했듯이 이 슬로건의 출현은 미국의 불평등 문제에 대한 논쟁에서 중요한 전환점이 되었습니다.

독일의 사회학자인 울리히 벡이 『리스크 사회』(한국어판 제목은 『위험사회』)를 출간한 것은 1986년 체르노빌 원전 사고 직후였습니다. 당시 서독은 바람에 실려 날아오는 방사능 물질 때문에 식품오염에 대한 공포감이 널리 퍼졌습니다. "빈곤은 계급적이지만 스모그는 민주적이다"라고 말한 벡의 경고 때문인지 독일은 원전폐쇄 정책을 펼쳐나가고 있습니다.

2008년 한국의 '촛불시위'를 주목하는 오구마는 정당이나 노조와는 아무런 관계가 없는 시민들이 자발적으로 참가한 네트워크형 비폭력 운동의 필요성을 역설합니다. 탈원전 데모에서 일본인들이 바랐던 것은 무엇일까요?

"첫 번째는 자신들의 안전을 지켜줄 생각이 전혀 없는 정부가 자신들을 무시하고, 기득권을 장악한 이너 서클끼리만 모든 것을 결정하는 상황을 용서할 수 없다. 두 번째는 스스로 생각하고 스스로 목소리를 낼 수 있는 사회를 만들고 싶다. 자신의 목소리를 제대로 알아듣고, 거기에 따라 바뀌어간다. 그런 사회를 만들고 싶다. 세 번째는 무력감과 따분함을 쇼핑을 하거나 전기를 마구 써대 상쇄하려 드는 식의, 그런 침체된 생활은 이제 그만 두고 싶다. 그 전기라는 것이 극히 일부의 인간을 배불리고 대다수 사람들의 인생을 망쳐버리고 마는, 그런 방식으로 돌아가는 사회는 이제 정말 싫다."

오구마는 "어릿어릿하여 눈에 보이지 않던 것이 환히 눈에 보일 때 인간은 감동=행동(moved)한다. '민의'가 이 세상에 드러나는 순간, 자신의 고뇌에 대한 답을 얻는 순간, 삶을 바꾸는 구체적인 방법을 파악한 순간, 사람은 정치의 =영역에 들어서며 감동=행동한다. 그것은 모든 정치, 경제, 예술, 학문 등의 원점"이라며 2011년 원전 데모도 이런 역할을 수행했다고 말합니다.

'세월호 참사' 이후 우리 국민들도 사회의 본질을 알게 되자 크게 분노했습니다. '중소기업만이 우리 경제가 살길이다'라고 외쳐서 당선된 박근혜 대통령은 경제민주화와 각종 복지 공약을 헌신짝처럼 내던지고 '규제는 암 덩어리'라면서 하루아침에 재벌 편으로 돌아섰습니다. 이명박 정부부터 계속된 규제 완화는 국민의 목숨을 앗아간 원인이었습니다.

박근혜 대통령은 분노한 민심을 수습하기 위해 안대희 전 대법관을 국무총리에 지명했습니다. 하지만 그는 작년 7월부터 초보 변호사임에도 불과 5개월 만에 16억 원의 수임을 올렸습니다. '관피아' 척결의 임무를 수행해야 할 총리가 전관예우로 호가호위하며 지내던 사람이라면 과연 국민의 지지를 받을 수 있을까요? 무능하고 무책임하며 교만하기까지 한 정부를 각성시키기 위해 시민들이 거리로 나서는 일은 당분간 지속될 수밖에 없을 것 같습니다.

불평등을
넘어서는 방법

『팔꿈치 사회』(갈라파고스)의 저자인 강수돌 교수는 이 시대 가정의 이미지는 더 이상 '보금자리'가 아니라 '버스정류장'으로 변하고 있다고 말합니다. 어른과 아이 모두 일중독에 내몰리는 처지인지라 집이라는 '버스정류장'에 간간이 들러 냉장고 문을 열고 먹을 것만 챙겨 먹고 가볍게 떠난다는 것이지요. 살기 위해 일하는 것이 아니라 일하기 위해 사는 그들은 앞만 보고 달려가다 옆 사람을 팔꿈치로 가격해 좌절시키는 것을 일상화하고 있습니다.

『인문학은 밥이다』(RHK)의 저자인 인문학자 김경집은 '팔꿈치 사회'를 화두로 한 글에서 이렇게 말합니다.

"서열 매김이 한심하지만 이른바 '좋은 대학'에 지원이라도 하려면 내신이 2등급은 되어야 한다. 그런 대학을 졸업해도 이른바 '좋은 직장'에 들어갈 확률은 아무리 넉넉히 잡아줘도 20%가 되지 않는다. 100명의 학생 가운데 고작 두세 명만 그런 직장을 얻을 수 있다."

하지만 승자가 된 두세 사람마저도 40대 중반이면 직장을 그만 둬야 하는 상황에 부닥칩니다. 피 터지는 경쟁의 승리자들이 겨우 20년의 '안정적인 삶'을 누리다 가만히 내려놓아야 합니다.

이제 우리는 강 교수의 주장대로 내면화된 경쟁이라는 천박한 탐욕의 굴레에서 벗어나야 합니다. 많은 학부모의 그런 욕구가 지난 6·4 지방선거에서 진보 성향의 교육감을 대거 당선시킨 것이 아닌가 싶습니다. 지금 젊은이들은 2년 기한의 비정규 일자리에 내몰리고 있습니다. 이제 '일자리를 만들겠다'고 소리치는 정치인의 말에 귀 기울이는 사람이 별로 없습니다. 일자리가 문제가 아니라 '어떤' 일자리인가가 더욱 중요해졌으니까요.

지그문트 바우만은 『쓰레기가 되는 삶들』(새물결)에서 "인간이 생산한 모든 것이 쓰레기가 될 뿐만 아니라 우리 인간 자체가 쓰레기화되고 있다"며 "이것이 바로 당신의 미래일지도 모른다!"고 경고했습니다. 이제 인간은 산업폐기물이나 생활쓰레기처럼 1회용으로 이용되고 곧바로 버려지는 처참한 처지로 전락하고 있습니다.

전에도 이런 경고가 없지 않았습니다. 미국의 보수적인 중상류층 출신이면서도 오랫동안 저소득의 빈곤 국가를 전전한 경험이 있는 데이비드 C 코튼이 20세기 말에 집필한『경제가 성장하면 우리는 정말로 행복해질까』(사이)에서 '성장'이라는 담론에 집착해 "기업들이 인간의 삶을 장악하고 지구의 생명 유지 장치와 이 사회의 구조, 수십억 인류의 생명을 파괴해 왔다는 사실을 아무도 눈치채지 못하게 해놓았다"고 경고한 바 있습니다.

코튼은 재미있는 우화를 소개합니다. 아다나 행성의 지도자들은 지표면 높은 허공에 떠 있는 아름답고 평화로운 도시 '스트라토스'에서 예술에만 전념하며 살고 있습니다. 그 아래 아다나의 황폐한 지표면에 살고 있는 거주자 '트로글리테스'들은 스트라토스의 지도자들이 사용하는 사치품들을 수입하는 데 필요한 행성 간 교역권을 얻기 위해 폭력이 난무하는 비참한 광산에서 일하고 있습니다. 전체 행성은 지표면에 사는 사람들과 그 지역으로부터 용케도 자신들을 분리시키고 그들의 노동에 의지해 자신들이 필요로 하는 사치품들을 공급받는 지도자들에 의해 식민화되었습니다. 코튼은 우화가 실제 현실이라고 말합니다. "돈이 정말로 많고 권력이 대단한 자들은 높다란 고층 빌딩의 멋지게 치장한 중역실에서 일하고, 리무진과 헬리콥터를 타고 회의 장소로 이동하고, 구름 위로 높이 오르는 제트기를 타고 대륙을 오가고, 상냥한 승무원들이 가져다주는 최고급 와인을 마음껏 마시고, 환경이 잘 보호되어 녹지가 푸른 교외의 대저택에 살거나 혹은 예술과 미의 중심지에 자체 보안 시스템이 완벽하게 갖춰진 스트라토스의 지도자들이 트로글리테스들의 삶으로부터 분리되었"다고 말합니다. 그들은 "이 지구의 자원을 고갈시키면서 현실에서 동떨어져 '환상의 세계'에 살고 있기에 자신들이 무엇을 하는지, 달리 어떻게 살아야 하는지 알지 못한다"고 했습니다.

이제 지구는 1%의 '스트라토스'가 지배하는 세상이 되었습니다. "우리는 99%다"라는 슬로건의 출현은 미국의 불평등 문제에 대한 논쟁에서 중요한 전환점이라고 말하는 조지프 스티글리츠는 『불평등의 대가』(열린책들)에서 50년 후 미국의 미래상에 대해 "부유층은 폐쇄된 지역 사회를 이루고 살면서 자녀들을 교육비가 많이 드는 학교에 보내고 일류 의료 서비스를 이용하는 반면에, 나머지 계층은 좋지 않은 교육과 제한된 배급제나 다름없는 의료 혜택을 받으며 그저 중병에 걸리지 않기만을 바라는 불안정한 세계에서 살아"갈 수 있다고 경고했습니다.

한국에서는 이미 벌어지고 있는 일입니다. 이제 팔꿈치로 옆 친구를 가격하는 일을 중단하고 책을 함께 읽으면서 친구의 말에 귀를 기울여야 합니다. 한 현장 교사는 "평등한 독자로서 상대방을 통해 '나'를 보기도 하고, '나와 다름'도 만나면서 상대방이 가진 지식과 공감하게 된다. 이 과정에서 '그'는 분명히 '그'가 되고 '나'는 분명히 '나'가 되어 소통하는 '화이부동(和而不同)'에 이르게 된다. 이것이 자존감을 회복해야 할 이들이 독서모임을 소망하는 이유"라며 "서로 존중하는 공동체, 이상을 향해 함께 나아가는 공동체"를 만들자고 했습니다. 공독(共讀)의 역사야말로 학문의 역사가 아닌가요?

더불어 잘사는 '인간화 사회'가 필요하다

저는 한 신문에 '87'이 지고 '97'이 뜬다는 칼럼을 쓴 적이 있습니다. 87은 민주화의 원초적 체험인 6월 항쟁을 말하고, 97은 세계화의 원초적 체험인 IMF 외환위기를 말합니다. '87'이 민족이나 국가가 지향하는 '정상'이나 '중심'을 향해 뚜벅뚜벅 걸어간 이들이 주도한 시대였다면, '97'은 오솔길일지언정 자기만 만족하면 그만인 사람들이 욕망을 한껏 발산한 시대였습니다. 삶의 방향성을 추구하던 사람들도 삶의 무늬를 추구하는 방향으로 말을 바꿔 탔습니다.

제가 이런 판단을 하게 된 계기가 있습니다. 저는 2005년 말에 블록버스터 영화 〈태풍〉을 막내딸과 함께 보았습니다. 딸은 이 영화가 남북문제를 어떻게 풀어가는지를 알고 싶어 〈태풍〉을 본다고 했습니다. 가만히 생각해보니 그때까지의 대형 블록버스터 영화는

〈쉬리〉(1999), 〈공동경비구역〉(2000), 〈실미도〉(2003), 〈태극기 휘날리며〉(2004), 〈웰컴투동막골〉(2005) 등 모두 남북문제를 다룬 것들이었습니다. 영화를 본 딸은 실망하는 기색이 역력했습니다. 딸은 곧이어 개봉하는 〈왕의 남자〉를 빨리 보고 싶다고 했습니다. 딸의 말대로 〈태풍〉은 기대 이하의 성적표를 받아든 반면, 사실과 허구를 뒤섞어 현실의 중압감과 버릴 수 없는 꿈의 판타지를 호소력 있게 전달한 〈왕의 남자〉는 모든 세대에게 각기 다른 이유로 호응을 얻으며 전인미답의 관객을 맞이했습니다. 이걸 보고 저는 세상이 완전히 바뀌었구나, 하는 것을 자각하게 되었습니다.

'07'(2007년) 체제에 저는 '개중(個衆)화'란 문패를 달아주었습니다. '개중'이란 개인과 대중을 합한 말입니다. 대중은 세중(細衆)의 단계를 거쳐 개중이 되었습니다. 2006년 말 〈타임〉이 올해의 인물로 선정한 '당신(You)'이 바로 개중이었습니다. 혼자 원룸에 살면서 휴대전화나 메신저로 타인과 대화를 나누고 블로그를 통해 자신을 발신하는 등 철저하게 '1인용'으로 생활하지만 외로움을 전혀 느끼지 않는 개인 말입니다. 군중(crowd)과 아웃소싱을 합한 '크라우드소싱'이라는 신조어의 등장이 증명하듯이 지혜가 필요할 때는 대중에게 손을 내밀면 모든 문제를 해결할 수 있었습니다.

2007년 '88만원 세대'라는 비극적인 신조어가 등장하기는 했지만 그래도 개인에게는 꿈이 있었습니다. 세계화의 전도사인 토머스 L 프리드먼은 『세계는 평평하다』에서 지금 이 시대를 이끄는 역동적인 힘은 국가나 대기업이 아닌 개인과 소규모 기업이라고 주장했습니다. 기술의 발전, 통신기술의 혁명적 진화, 인터넷의 등장으로 말미암아 지역이나 국가의 경계가 허물어지고 개인이 더욱 강력한 힘을 갖추게 되면서 세계는 축소되고 평평해진다는 것이 프리드먼의 주장이었습니다.

그러나 곧바로 터진 2008년의 '글로벌 금융위기'는 개인이 얼마나 나약한 존재인가를 완전히 드러냈습니다. '개중화'가 성립하려면 개인을 살려낼 수 있는 인문학적 반성부터 필요했습니다. 개중화는 이전 체제인 '97' 체제의 반성을 통해 총체적 모순을 극복해야만 가능한 일이었습니다. 그러나 이 땅에는 이명박 정권이라는 구체제, 즉 추악한 기득권 세력이 권력을 잡고 모든 일을 농단했습니다. 그로 인해 개중화로의 변신은 함몰되고 말았습니다. 박근혜 정권도 이명박 정권과 조금도 다르지 않았습니다.

"한국전쟁 이후 최대의 참사"로 일컬어지는 '세월호' 여객선 침몰사고는 구악의 기득권 세력이 글로벌 위기라는 '예외상태'를 악용해 '97' 이전의 체제를 유지하면서 마지막 끝물까지 빨아먹으며 저지른 온갖 패악을 적나라하게 노출했습니다. 가진 자들의 온갖 불법과 탈법, 이른바 '해피아'의 적폐, 국민과 소통할 줄 모르는 대통령의 제왕적인 통치 스타일, 받아쓰기만 할 줄 아는 국무위원과 청와대 비서들, '기레기(기자+쓰레기)'란 비난을 들어야 했던 언론, 생명보다 돈을 중시하는 사회 체제와 삶의 방식 등 상시적인 임계 상태에 이른 우리 사회의 민낯이 완전히 드러났습니다.

세월호 참사 이후에 제2기 내각을 구성하는 과정에서 보여준 것이라고는 기득권 유지에 혈안이 된 조급함뿐이었습니다.

우리는 머지않아 새로운 대통령을 뽑는 '17년'(2017)을 맞이합니다. 우리는 그 체제를 어떻게 불러야 할까요? 그 체제에 우리가 추구하는 진정한 염원을 담아야 합니다.

인문학자 김경집은 『사회를 말하는 사회』(북바이북)에 '적법한 반칙을 깨뜨리자'는 글을 발표했습니다. 그 글에서 그는 우리 사회는 "누구든 먼저 앞으로 달려가 선진 지식을 습득하고 다른 사람을 향도하여 빠르게 따라잡으면 성공할 수" 있었던 '패스트무빙(fast moving)'의 산업화 사회에서 벗어나 "경쟁이 아니라 협력이, 한 사람의 천재성이 아니라 구성원 모두의 영감과 아이디어와 에너지가 결합되는 방식으로 전환하지 않으면 공멸"하는 퍼스트무빙(first moving)의 21세기에 발 빠르게 적응해야 한다고 강조했습니다. 김경집은 "인간의 가치와 주체성, 그리고 인격적 연대가 필수적"인 사회가 되어야 한다고 역설했습니다. 저는 거기에 감히 '인간화'라는 이름을 붙이고 싶습니다. 1등만 잘사는 사회가 아니라 모두가 '중세의 촌락'에서처럼 훈훈한 마음을 드러내며 더불어 잘살고자 노력하는 사회를 반드시 만들어야만 합니다. 그 세상을 맞이하려면 지금부터 이전의 세 체제에 대한 총체적인 분석과 그에 따른 반성이 있어야 마땅할 것입니다.

디지털 기술을 입힌
아날로그 종이책

"푸른 바다와 이어진 새파란 하늘, 날개를 쫙 편 까마귀, 그 위에 두 팔을 벌리고 서 있는 아이와 토끼"의 모습이 펼침면으로 전개된 그림은 『시리동동 거미동동』(제주도꼬리따기 노래, 권윤덕 그림, 창비)의 인상적인 클라이맥스입니다. 그림에서 까마귀는 바다로 물질 나간 엄마를 발견한 듯 아래를 바라보며 방향을 바꾸는데, 정작 아이는 엄마가 아니라 정면을 바라보며 당당하게 서 있습니다.

저널리스트이자 그림책 평론가인 최현미는 "이 장면을 펼칠 때 저는 종종 딸에게 심호흡을 해보자고 합니다. 그냥 넘기기엔 참 깊고 긴 시간이 담겨 있는 그림이기 때문입니다. 그리고 들숨과 날숨의 그 순간, 딸이 높은 곳을 날고 있는 주인공이 되길 바랍니다. 그 옆에서 저도 깊은 호흡을 합니다"라는 감상을 적은 바 있습니다.

벤자민 라콩브의 『나비 부인』(보림)은 가로 275mm, 세로 390mm 인 대형 그림책입니다. 자코모 푸치니의 대표 작품 『나비 부인』과 피에르 로티의 『국화 부인』을 각색한 이 그림책은 일본인 게이샤 나비 부인이 "아름다운 것을 탐하는 서양 수집가의 변덕스러운 욕망"으로 자신을 선택한 미군 해군 장교와 결혼했다가 "곧 돌아오겠다"는 한마디 말만 남기고 본국으로 떠나가 버린 그를 기다리는 슬픈 사랑과 애틋한 마음을 그린 작품입니다. 모두 펼쳐 놓으면 10m 병풍이 되는 그림은 한 장면 한 장면 우리를 숨죽이게 만듭니다. 마치 한 권의 화집처럼 보이기도 하지만 "나비의 형상을 표지부터 마지막 장면까지 등장시켜 마치 독자의 시선이 나비 떼의 동선을 따라 다음 장면으로 인도되는 듯한 강렬한 표현으로 이미지화하고 있"(그림책 작가 류재수)기에 이 책은 그림책이 맞습니다. 그림책과 화집의 경계를 해체했다는 표현이 맞을 것입니다.

이런 그림책의 장면들을 영상화면으로 비춰주면 어떤 효과가 있을까요? 방금 본 것도 잊게 만드는 영상으로는 이런 감동을 도저히 느낄 수 없습니다. 더욱이 오늘날 그림책은 디지털 기술의 발달로 말미암아 한층 정교해지고 있습니다. 아이들의 상상력을 자극하게 만드는 팝업북의 수준도 일취월장하고 있습니다. 최근 저는 국내에는 출간되지 않은 프랑스의 그림책들을 보고는 감탄을 금치 못했습니다. 디지털 기술이 아날로그 그림책을 이렇게 발전시키고 있습니다.

북디자이너 정병규는 20세기 말에 "움직이는 것(영상)이 움직이지 않는 것(평면의 이미지)보다 우월하다는 사고방식을 버려야 한다. 정적 이미지 이후에 발견된 동적 이미지인 영상은 그 나름의 특징을 가진 것은 주지의 사실이지만, 정적 이미지보다 우월하다는 생각은 영상상업주의의 영향이다. 이러한 이미지와 영상의 특질을 상대적으로 이해하는 것은 지금, 바로 시급한 책의 문화에 대한, 디지털 시대에 만연한 책의 미래에 대한 부정적 사고에서 벗어나는 새로운 인식의 출발점"이라고 충고한 바가 있습니다.

지금 출판 현장에서는 이미지의 적절한 편집과 디자인을 통해 움직임을 시각화시키는 실력이 날로 출중해지고 있습니다. 게다가 디지털 기술을 이용한 책의 제작 기술도 놀랍게 발달하고 있습니다. 편집과 디자인과 제작을 결합한 '만들기'를 통해 아날로그 그림책은 영상이 도저히 구현할 수 없는 영역을 개척하고 있습니다. 이런 그림책을 전자책으로 만드는 순간 그림책의 '맛'은 완전히 사라져버릴 것입니다. 그래서 일본의 출판계는 그림책만큼은 전자책으로 만들지 않기로 암묵적 합의를 했다고 합니다. 반면 우리 출판계는 아동서적을 전자책으로 만드는 시도조차 제대로 하지 못했습니다. 증강현실을 도입한 영상화가 시도된 적이 있으나 비용 대비 수익이 나지 않으니 벌써 접은 상태이지요.

하지만 아날로그 그림책에도 디지털 기술을 입힐 필요는 있습니다. 창비를 비롯한 출판사 26곳이 함께 참여해 영아부터 초등 저학년 도서까지 364권의 책으로 시작한 '더책' 서비스가 대표적인 경우입니다. '더책'은 아날로그 종이책에다 세계 최초로 개발된 디지털 기술을 입힌 것입니다. '더책'은 책에 스마트폰을 대기만 하면 책에 부착된 NFC(교통카드, 휴대폰 결제 등에 널리 쓰이는 근거리 무선통신) 태그를 인식해 책의 내용을 오디오북으로 듣거나 다양한 디지털 콘텐츠를 이용할 수 있는 획기적인 서비스입니다. 기존의 오디오북처럼 CD와 같은 저장매체와 별도의 재생장치가 필요하지 않고 번거로운 인증 절차 없이도 스마트폰만 있으면 언제 어디서나 이용할 수 있습니다.

저는 2000년 출간한 졸저 『디지털과 종이책의 행복한 만남』에서 "디지털 사회는 그 어떤 누구(anyone), 언제(anytime), 어디서나 (anywhere), 어떤 기기(any medium)를 통해서든지 모든 콘텐츠(any contents)를 쉽게 이용하려 드는 '유비쿼터스 인터넷' 시대이다. 따라서 출판사는 모든 콘텐츠를 디지털 환경에 맞게 생산해야 한다. 콘텐츠를 독점적으로 소유하면서 종이책이라는 한 방식으로만 생산하려 해서는 살아남을 수 없다. 'any'의 파도를 주도해야만 살아남을 수 있다"고 했습니다. 바야흐로 그런 시대가 온 것입니다.

출판(publication)은 '공적인'(public) 성격이 강하게 적용되는 업종입니다. '더책'이 유아나 시각장애인, 다문화가정의 자녀 등 소외자들을 염두에 두고 개발된 것이기에 우리는 더욱 환영하지 않을 수 없습니다. '더책'을 가까운 도서관에서부터 즐겨보시기 바랍니다.

사물인터넷과 '유리감옥'에 갇힌 인간의 삶

영화 〈그녀(Her)〉에서 주인공 테오도르는 고객의 손편지를 대신 써주는 대필 작가입니다. 그는 고객의 마음을 정말 잘 어루만지지만 정작 자신의 감정 표현에는 서툽니다. 아내와의 이혼도 주저하는 중입니다. 그런 그는 조그만 휴대전화처럼 주머니에 쏙 들어가는 인공지능 운영체제(OS)를 만나게 됩니다. 이 운영체제는 시동되자마자 이름을 물으니 『아기 이름 짓기』란 책을 읽고 0.2초 만에 18만 개의 이름 중에서 '사만다'를 골라냅니다.

사만다는 테오도르가 하는 모든 말에 귀 기울여주고 모두 이해해줍니다. 그리고 테오도르가 쓴 글들을 골라 『그대 삶으로부터 온 편지』란 책을 펴내주어 그를 감동시킵니다. 사만다는 테오도르에게 당신을 진정으로 깊이 사랑한다고 말하지만 자신이 분산되는 것을 막을 수 없다고 말합니다. 그녀는 8,316명의 고객을 동시에 만나면서, 그중 641명과 사랑의 감정을 느낀다고 말합니다.

이런 세상이 우리 가까이 와 있는지도 모르겠습니다. TV, 냉장고, 에어컨 등의 가전제품, 시계와 안경, 자동차, 공장 설비 등 모든 사물에 컴퓨터가 내재되어 서로 네트워킹하는 세상이니까요. 『사물인터넷』(커넥팅랩, 미래의창)의 저자들은 "지금은 사물에 부착된 센서와 유·무선 통신을 통해 정보를 주고받는 초기 단계지만, 가까운 미래에는 사람이 판단하거나 지시하지 않아도 사물과 공간이 센서로 수집된 데이터를 통해 스스로 환경을 분석하고 상황을 판단하여 해결책을 제시하고 작업을 수행하는 것이 가능한 시대가 될 것"이라고 말합니다.

스마트폰이 등장한 지 이제 겨우 5년이 지났습니다. 지금까지가 '인간'을 중심으로 한 스마트 시대였다면, 앞으로 펼쳐질 세상은 '사물'이 중심이 된 진정한 스마트 세상이 도래할 것이랍니다. 주머니 안의 스마트폰이 인간을 중심으로 하여 언제 어디서든 연결될 수 있는 상태를 만들어 주었다면, 사물인터넷은 인간 주변의 모든 사물을 연결하고, 인간과 상호 소통할 수 있도록 만들 거라는 말이지요. 더군다나 사물인터넷 시대와 만물인터넷 시대를 지나, 만물지능인터넷 시대까지 가야 한다고 합니다. 그야말로 모든 사물이 '지혜'를 가진 존재로 거듭납니다. 인공지능의 시대가 오기 전에 '지혜를 가진 사물'의 시대, 즉 '싱즈 사피엔스(Things Sapiens)'의 시대가 먼저 오고 있습니다.

모든 사물이 알아서 일을 해주면 일의 형태와 인간의 사고가 획기적으로 달라질 것입니다. 2025년경에는 여러 개의 직업을 동시에 갖는 개인이 크게 늘어날 거라고 합니다. 오스트레일리아에서는 10~15년 후, 한 사람이 평균 29~40개의 직업을 갖게 될 것이라고, 미국 정부는 10년 후에는 현재 직종의 80%가 소멸하거나 현재와는 다른 형태로 변할 것이라고 전망했다고 합니다. 회사원은 줄어들고 자영업은 늘어나며, 유럽에서는 1인 기업이 90%에 이를 것이라는 예측도 나왔다는군요.

『빅 스위치』(동아시아)와 『생각하지 않는 사람들』(청림출판)에서 디지털 기술의 명암을 명쾌하게 분석한 바 있는 니콜라스 카는 신작 『유리감옥』(한국경제신문)에서 컴퓨터와 소프트웨어를 통해 가속화되고 있는 자동화가 인간의 삶을 파괴할 수도 있다고 경고합니다. 그가 말하는 '유리감옥'은 우리를 자동화로 유도하는 '컴퓨터 스크린'과 스마트폰 액정 같은 '터치스크린'을 말합니다. 무인 항공기나 무인 자동차의 시대가 눈앞에 와 있는 지금, 사물인터넷, 인공지능, 웨어러블 디바이스, 빅데이터 등을 통해 가속화되고 있는 '자동화'에 우리가 저항할 수 있어야 한다고 주장합니다.

니콜라스 카는 "유리감옥 안으로 들어갈 때 우리는 우리 몸의 상당 부분을 포기해야" 하는데 "그렇다고 우리가 자유롭게 되는 것은 아니고 쇠약해질 뿐"이기에 결국 우리는 '존재론적 궁핍'을 경험할 수밖에 없다고 말합니다. "우리가 사는 시대는 물질적 편안함과 기술적 경이로움으로 가득 차 있을지" 모르지만 "그런 시대는 목적이 없고 우울한 시대"라는 것이지요.

과학 전문기자 겸 편집자인 패트릭 터커는 『네이키드 퓨처(The Naked Future)』(와이즈베리)에서 우리는 빅데이터 시대를 지나 텔레메트리 시대에 진입했다고 말합니다. 텔레메트리란 "한 장소에서 수치를 측정하여 이를 기록하거나 표시하기 위해 멀리 떨어진 지점으로 전달하는 과정이나 업무로, 수치를 측정하는 장치가 전달 업무도 실시하는 경우"를 말합니다. 영화 〈그녀〉에서의 사만다처럼 "마치 감지하는 듯 데이터를 실시간으로 수집하고 전달"하는 것을 말합니다. 패트릭 터커는 "로봇들이 나를 내려다보며 몇 초 후, 몇 분 후, 어쩌면 몇 년 후에 내가 어디에 있을지 예측한다거나 순찰차에 탄 경찰이 내게 눈을 흘기며 향후 1시간 내에 내가 부도수표를 발행할 확률이 10퍼센트라든가 주차 위반을 할 확률이 80퍼센트라고 예견" 하는 세상이 오는 것을 막을 수 없다고 말합니다.

"아침에 커피를 사러 가서 카드를 긁는 순간 의료보험회사가 당신이 고혈압이라고 문자메시지를 보내"오고, 바로 이어서 "정부가 세금고지서 보내오는" 세상이 과연 바람직한 사회일까요? 저는 사만다 같은 애인이 있었으면 좋겠다는 마음으로 영화를 보기 시작했지만 결국 '피가 흐르는' 인간의 뜨거움을 사랑해야겠다고 결심했습니다. 여러분의 생각은 어떠신지요?

'결정장애 세대'와 스마트폰

물이 반쯤 담긴 컵을 바라보는 시각은 크게 둘로 나뉩니다. 하나는 물이 아직도 반이나 남아 있다고 보는 낙관주의자들입니다. 6개월 시한부 인생을 선고받아도 남은 인생을 실컷 즐기자며 광란의 파티를 즐길 사람들입니다. 다른 한 부류는 물이 반밖에 남아 있지 않다고 말하는 비관주의자들입니다. 그들에게 인생은 한숨과 고난의 연속입니다.

이들 말고 제3의 시각이 있습니다. 컵에 물이 반이나 남아 있다는 말도 맞고, 반밖에 남아 있지 않다는 말도 옳다는 그룹입니다. 그들은 개개인의 의견을 그다지 중요하지 않게 여깁니다. 아니, 심지어 문명의 퇴보로 여깁니다. "개개인의 주관적인 의견들 때문에 지금까지 애써 가꾸어온 조화로운 문화와 문명이 무너질 수 있다고,

제3차 세계대전까지 가지는 않겠지만 최소한 인류의 분열을 조장하고 인류 문화를 지금보다 야만적이고 미개한 것으로 되돌려놓을 수 있다고 우려"합니다.

그들은 『결정장애 세대』(올리버 예게스, 미래의창)로 불립니다. 이 책의 원제는 '메이비 세대(Generation Maybe)'입니다. 메이비 세대는 모든 걸 공개하고 공유하는 최초의 세대입니다. 그들에게 사생활은 없습니다. 온라인 친구들과 삶의 모든 것을 함께합니다. 그들은 좌파도 우파도 아닙니다. '빅브러더'가 모든 것을 조종하는 상황이나 '보이지 않는 손'(즉 시장)이 지닌 무한한 힘도 믿지 않습니다. 그들 앞에는 너무 많은 선택의 기회가 놓여 있습니다. 울트라모던한 세상, 모든 것이 가능한 세상의 수많은 유혹들이 그들을 향해 손짓합니다. 그들이 원하는 게 무엇이든, 그들이 바라는 게 무엇이든 마우스 클릭 한 번이면 대체로 해결됩니다. 그러나 그들은 결정을 내리지 못합니다. 어딘가에 잘 정착하지도 못하고 한 가지 일에 잘 집중하지도 못합니다.

그들의 삶을 송두리째 뒤바꿔놓은 것은 스마트폰입니다. 스마트폰은 그들의 나침반이자 내비게이션인 동시에 중앙관제탑이자 항해일지입니다. 스마트폰으로 접근하는 소셜미디어는 잠깐 반짝하다가 사라지는 단순한 현상이 아닙니다. 그것은 몸에 좋은 음식, 편안한 집, 안정된 직장, 시원한 쾌변, 감동적 섹스만큼이나 삶의 필수 요소에 속합니다.

그들은 신을 믿지 않으니 종교도 없습니다. 대신 그들의 가슴속에는 신비주의나 축구, 건강, 환경보호, 애플, 소셜미디어 같은 '대안 종교'들로 가득 채워져 있습니다. 일요일마다 교회에 가는 대신 토요일마다 축구 경기장을 찾고, 아이패드 신제품이 출시될 때마다 실리콘밸리의 애플 본사 앞에 반원형으로 둘러서서 실시간 중계를 감상하곤 합니다.

'메이비 세대'는 독일의 1982년생 저널리스트인 올리버 예게스가 독일 일간지 〈디 벨트〉에 기고한 한 편의 칼럼이 열렬한 호응을 받으며 페이스북과 트위터를 타고 삽시간에 유럽 전역으로 퍼져나가는 바람에 세상에 널리 회자되었습니다. 이 세대는 사실 '자기계발' 이데올로기에 빠져 있던 이전 세대들과 크게 다르지 않습니다.

레나타 살레츨은 『선택이라는 이데올로기』(후마니타스)에서 "한국을 비롯한 선진국의 여성들은 특히 선택의 문제에 포위되어 꼼짝도 못하고 있다"고 말합니다. 그들이 매일 마주하는 풍부한 소비 선택지들 가운데 무엇을 선택할지 몰라서가 아니라 사생활에서도 완벽한 선택을 내려야 한다고 믿고 있기 때문이라는 것이지요. "몸매를 가꾸는 법, 욕망을 억제하는 법, 인생의 행로를 조종하는 법, 특히 죽음을 막는 법"에 관한 자기계발서들의 조언이 넘치는 가운데 사랑, 정서, 몸과 건강, 심지어 자녀마저도 선택의 문제로 제시되다 보니 어떤 선택을 해야 할지 갈피를 잡지 못하게 되었다는 것입니다.

레나타 살레츨은 선진국 소비자들이 선택 앞에서 무력해지는 이유는 선택할 수 있는 물품이 지나치게 많다는 데 있는 게 아니라고 말합니다. 오히려 오늘날 만연한 선택 이데올로기가 점점 소비자들의 불안감과 부족감(부적절하며 남보다 못하다는 느낌)을 증가시키고 있다는 것이 문제라고 말합니다. 일류 대학을 나와 좋은 직장에 탄력 있는 몸, 자기 집, 심지어는 근사한 남편이 있음에도 몹시 불만족스러워하면서 다시 수많은 선택을 해야 하는 것에 불안해하는 것이라는 겁니다. 그래서 런던의 유명 레스토랑이 한 가지 메뉴만 제공하기 시작하자 문전성시를 이루고, 한국의 중국집이 만든 아이디어인 '짬짜면'이 인기를 끌기도 합니다.

일본의 〈동양경제〉 2013년 7월 27일자의 특집 'U40은 어떤 사춘기를 보내왔는가―주요 디지털 기기·서비스와 U40의 역사'는 휴대전화 세대(20대 후반)와 스마트폰 세대(20대 전반)의 차이를 분석한 바 있습니다. 무리하기보다 할 수 있는 일만 하려는 경향이 있는 스마트폰 세대는 자신들을 '얕잡아 보는 시선'이 아니라 자신과 같은 시선으로 바라봐주는 상사를 원한다고 합니다. 이 세대는 적당히 출세하자거나 적당히 사귀자는 등 '적당'이라는 말을 입에 달고 산답니다.

올리버 예게스의 지적대로 '메이비 세대'는 일시적인 '청년의 위기'가 아니라 '평생의 위기'에 빠져 있을 겁니다. 그는 『해리포터』에서 호그와트 마법학교의 교장 알버스 덤블도어가 한 "우리가 지닌 능력보다는 우리가 내리는 결정이 우리의 진정한 모습을 더 많이 보여준다"는 말을 인용했습니다. 아마도 이 말에 문제 해결의 해법이 담겨 있지 않을까요?

습득과 매핑,
나만의 개성 있는 독서법

일찍이 로버트 패티슨은 『On Literacy』(1984)에서 "읽고 쓰는 능력은 고대 이집트의 파라오 시대 이후 아직 한 번도 실패를 경험한 적이 없으며 오직 변화되었을 뿐"이라고 말했습니다. 그동안 책자본의 등장, 인쇄술의 발견, 디지털 혁명 등 책의 혁명이 세 차례 있었지만 읽고 쓰는 일의 중요성은 늘 강조되었습니다.

아르만도 페트루치는 『읽는다는 것의 역사』(1997)에서 "여기에 기술된 책과 독서의 미래, 즉 개인적인 실행, 개인적인 선택, 규칙과 계층의 거부, 생산 면에서의 혼란과 규율 없는 소비, 축적된 각기 다른 지식과 정보의 혼합, 매우 다양하면서도 유사한 수준의 생산 등이 혼합된 미래를 얼마나 긍정적인 현상으로 간주할 수 있는지 없는지를 이 시점에서 묻는다는 것은 정말로 적절하지 않아 보인다"는 견해를 내놓았습니다.

그는 이어서 "사실 독서는 광범위하고 복잡한 현상이다. 앞으로 10년 또는 20년 안에 그 방향은 의심할 나위 없이 분명해질 것이다. 그리고 50년 또는 100년만 지나면 독서가 우리를 어디로 인도하는지를 알게 될 것이다. 또한 하고자 한다면 그 현상에 대한 평가를 내릴 수 있을 것이다. 지금은 아니다. 아직 너무 이르다"고 말하며 '읽기'의 미래에 대한 판단을 유보했습니다.

우리는 지금, 그가 판단을 유보한 1997년과 인문학자 김용규가 『생각의 시대』(살림)에서 "지식이 3일마다 2배씩" 늘어난다는 2030년의 가운데 시기에 놓여 있습니다. 이제 디지털 혁명에 따른 읽기의 실체를 판단해 보아야 하는 시점이 아닐까요?

마침 최근에 읽는 방법을 제시하는 책이나 읽은 책의 독후감을 담은 책이 폭발적으로 증가하고 있습니다. 여성학 연구자인 정희진은 『정희진처럼 읽기』(교양인)에서 "여러 분야의 책을 읽다 보면, 오히려 한 분야만 공부한 전공자보다 더 깊게, 더 많이 알게 된다. 개인이 축적한 지식의 양 때문이 아니다. 이는 구조적으로 당연한 일인데, 여러 학문을 두루 접하면 지식의 전제와 지식이 구성되는 역사적 과정을 알게 되기 때문"이라며 관점을 중심으로 "모든 분야의 지식"을 다룬 책 읽기를 권합니다.

정희진은 책을 읽는 방법은 크게 '습득(習得)'과 '지도 그리기 (mapping)' 둘로 나뉜다고 말합니다. '습득'은 말 그대로 "책의 내용을 익히고 내용을 이해해서 필자의 주장을 취하는(take) 것"이고, '지도 그리기'는 "책 내용을 익히는 데 초점이 있기보다는 읽고 있는 내용을 기존의 자기 지식에 배치(trans/form 혹은 re/make)하는 것"입니다. 정희진의 설명은 이어집니다.

> "습득은 객관적, 일방적, 수동적 작업인 반면에 배치는 주관적, 상호적, 갈등적이다. 자기만의 사유, 자기만의 인식에서 읽은 내용을 알맞은 곳에 놓으려면 책 내용 자체도 중요하지만 책의 위상과 저자의 입장을 이해하는 것이 핵심이다. 그러려면 기본적으로 사회와 인간을 이해하는 자기 입장이 있어야 하고, 자기 입장이 전체 지식 체계에서 어떤 자리에 있는가, 그리고 또 지금 이 책은 그 자리의 어디에서 나온 것인가를 파악해야 한다."

지난 시절 독서운동은 주로 '습득'에 방점이 찍혀 있었습니다. 상업주의적인 독서운동단체와 독서운동을 벌이는 일부 교사단체에서 '독서능력검정시험'을 도입하자고 목소리를 높인 것이 대표적입니다. 작년에 KBS와 일부 교육청이 연합해 시행하려 했던 'KBS 어린이독서왕'도 책의 내용을 단순하게 암기시키려는 정말 한심한 이벤트였습니다.

과거에는 학교에서 배운 지식만으로도 평생을 버틸 수 있었습니다. 그러나 지금은 정보가 폭발하는 시대입니다. 게다가 100세 시대입니다. 이제 한 사람이 이끌고 나머지가 수동적으로 따라가는 시대가 아닙니다. 여럿이 함께 책을 읽고 공감을 나누는 수평적 관계의 시대입니다.

정희진은 "책 속에 진리가 있다는 말은 역사 최대의 거짓말"이라고 말합니다. "책 속엔 아무것도 없다. 저자의 노동만 있을 뿐이다. 굳이 말하자면, 사상에서 이데올로기('거짓말')에 이르기까지 다양한 담론이 있다. 저자의 입장을 수용하고 이해하는 것보다 저자와 갈등적(against) 태도를 취할 때 더 빨리, 더 쉽게, 더 정확하게 이해할 수 있다"는 것이지요.

『이젠, 함께 읽기다』(신기수 외, 북바이북)의 저자들도 책에는 정답이 없고, 그저 생각의 차이만 존재할 뿐이라고 말합니다. 그들은 "골방독서에서 광장독서로, 지적 영주에서 교양시민"으로 바뀌어야 하며, "'틀리다'가 아닌 '다르다'를 지향하는 독서토론"이 필요하다고 말합니다. 이 책 속의 함께 책을 읽어 인생을 바꾼 이들의 경험담은 우리를 감동시킵니다.

책읽는사회문화재단 안찬수 사무처장은 한 좌담에서 "앞으로 우리에게 닥칠 시대에 절대 놓쳐서는 안 되는 핵심적인 교육 내용" 두 가지는 '책 읽기'와 '손노동'이라고 말했습니다. "책으로 표현되는, 앞선 시대의 지혜, 지식, 정보, 스스로 문제를 설정해서 탐구해 들어갈 수 있는 능력"과 "사회가 점점 발달하면서 기계가 감당하는 게 늘어날 텐데, 기계가 할 수 없는 것, 예를 들어 손으로 글쓰기, 붓글

씨, 조형물 만들기, 목공, 텃밭 가꾸기, 악기 다루기" 같은 기계가 하지 못하는 일이 중요해진다는 것입니다. 어떻습니까? 여러분도 가까운 이들과 함께 책을 읽은 다음 '○○○처럼 읽기'란 담론을 한번 만들어 보시지 않으렵니까?

테크놀로지 실업과
인간의 존엄성

요즘 학부모들은 자식 걱정이 태산인 것 같습니다. 과거에는 목표가 뚜렷했습니다. 일류 대학에 입학만 하면 그래도 밝은 미래가 보장된다고 보았으니까요. 그러나 지금은 일류대에 입학한 사람들이 더 고민한다고 합니다. 해외 유명 대학 졸업이라는 스펙으로도 아무것도 해결되지 않는 세상이니까요.

지금 전문직에 종사하는 사람들은 자신들의 미래가 없다는 사실에 충격을 받고 있습니다. 세상은 엄청난 규모와 속도로 변화하고 있습니다. 과거 100년에 걸쳐 일어났던 변화가 단 1년도 안 되는 짧은 기간에 일어나고 있습니다. 미래학자 최윤식은 김건주와 함께 쓴 『2030 기회의 대이동』(김영사)에서 "변화에 관한 자세한 내용을 이해하는 것보다 더 중요한 것은 변화를 바라보는 제대로 된 시선을 갖는 것"이라고 말했습니다. "대학에서 전자공학을 전공하는 1학년 학생이 4학년이 되었을 때 1학년 때 배운 것의 대부분은 낡은 지식이 되어"버리는 세상, "현장 근로자들은 2~3년 단위로 새로운 기술 지식을 배우지 않으면 안 되는" 세상, "10년 후 현재 지식 근로자들이 가지고 있는 지식의 대부분은 인공지능 컴퓨터가 해결해 줄" 세상에서 제대로 된 '시선'은 무엇을 말하는 걸까요?

그동안 잘나가던 의사나 변호사 등 전문직은 큰 위기에 봉착했습니다. 10년 후에는 현재의 직업 80%가 소멸하거나 다른 형태로 변할 것으로 예상됩니다. 결혼 적령기 여성의 상대가 교수라는 것을 알고 온 가족이 결혼을 반대했다는 얘기는 새삼스러운 일도 아닙니다. 전문화 시대에서 융합 시대로 바뀐 마당에 한 '구멍'만 파는 대학교수가 인기가 없는 것은 당연할 것입니다. 더구나 대학에는 겸임, 연구, 특임, 강의 등의 형용어가 붙은 임시직의 '워킹푸어'마저 넘치니 전문성이라는 것을 찾아보기도 어려운 형편입니다.

변화를 만드는 거대한 힘은 무엇일까요? 바로 기술 혁명입니다. 기술 혁명이 불러온 변화는 기계가 일자리를 빼앗는다는 것이지요. 그야말로 '테크놀로지 실업'의 시대입니다. 타일러 코웬은 『Average Is over』에서 기계의 지능이 인간의 일과 소득을 어떻게 바꿀 것인가를 말하고 있습니다. 그는 이 책의 일본어판(『대격차』) 서문에서 중산층이 사라지는 이유가 '오토메이션(자동화)'이라고 말합니다. 코웬이 말하는 오토메이션은 로봇 기술만이 아니라 고성능의 소프트웨어, 인공지능(AI), 사물인터넷 등의 테크놀로지를 모두 포함합니다.

코웬은 "지금까지 중산층이 주로 일했던 직업은 피가 흐르는 인간이 아니라 기계나 소프트웨어가 담당하게 될 것"이라고 말합니다. 공장노동에 한정된 이야기가 아닙니다. 로봇이 강아지를 산책시키고 노인을 보살피게 되는 것은 시간문제입니다. 자동차를 운전하거나 병을 진단하는 소프트웨어, 짐을 문 앞까지 배달하는 무인 항공기 등이 곧 등장할 것입니다.

미래를 주도하는 신부유층은 누구일까요? 코웬은 "기계와 함께 일할 수 있고, 기계를 발명할 수 있고, 기계에 관한 지적 재산을 소유하고, 기계의 산물을 세계의 소비자들에게 배달하는 사람들은 대단히 부유해질 것"이지만 저임금의 서비스업에 종사할 수밖에 없는 대부분의 젊은 남성들은 만족스러운 생계를 유지할 수 없게 될 것이라고 말합니다.

이런 미래가 부정적이기만 할까요? 코웬은 "테크놀로지가 진화해서 많은 분야에서 인간의 노동이 필요없어진다면 우리들이 창조성과 시간을 보다 자유롭게 활용할 수 있다는 면도 있다. 억압적인 상사에게 착취당하며 일할 필요가 없어질지 모른다. 그러나 우리는 정말 그 변화의 덕을 볼 수 있을까? 앞으로 다가오는 것은 새로운 르네상스 시대일까, 아니면 빈곤에 허덕이는 시대일까? 어쩌면 그 양면 모두가 현실이 될지도 모르겠다"고 말합니다.

『특이점이 온다』(김영사)의 저자인 레이 커즈와일은 컴퓨터가 인류를 초월하는 일이 2045년에 온다고 예측한 바 있습니다. 미국 국방부와 유럽연합(EU)이 인공지능 개발에 거액을 투입하고 있으니 '2045년 문제'는 더 빨리 실현될 수도 있을 것입니다. 2045년은 영국의 투자은행인 로열뱅크오브스코틀랜드(RBS)가 세계 최고 속도로 고령화가 진행되고 있는 한국의 평균 연령이 50세가 되어 세계 최고령 국가로 등극할 것이라고 예측한 해이기도 합니다.

이제 우리는 로봇과 차별화되는 인간의 능력부터 파악해야 합니다. 그러기 위해서는 인간에 대한 본원적인 이해가 필요합니다. 그게 바로 문학, 역사, 철학, 인류학, 고고학 등 인문학입니다. 이런 학문을 기술과 결합해 사유할 수 있어야 하니 과학도 절대 필요합니다. 지금은 인간의 뇌(머리)만 움직이면 되는 이성의 시대가 아니라 몸과 마음을 움직여야 하는 감성의 시대입니다. 그러니 예술에 대한 깊이 있는 이해도 더욱 중요해졌습니다.

지금 당장은 기계와 차별화되는 인간의 '존엄성'이라는 철학적 담론에 대한 천착부터 필요한 것 같습니다. 페터 비에리는 『삶의 격』(은행나무)에서 인간이 존엄성을 지키며 살아가는 방법을 이야기합니다. 그가 말하는 한 인간의 존엄성이란 "주체로서의 자립성과 자신의 삶을 스스로 결정할 수 있는 능력"입니다. 그런 능력을 제대로 찾아내려면 "남이 나를 어떻게 대하는가? 나는 남을 어떻게 대하는가? 나는 나에게 어떻게 대하는가?"의 세 가지 물음에 대한 답변부터 찾아내야 합니다.

가치 경쟁을 벌이는
'퍼블리터'의 시대

유홍준 교수의 『나의 문화유산답사기』 일본편이 4권 '교토의 명소'편이 출간되면서 완간되었습니다. 4권의 띠지에는 "NFC 기능을 켜고 스마트폰을 올려보세요"라고 적혀 있습니다. NFC란 교통카드, 휴대폰 결제 등에 널리 쓰이는 근거리 무선통신을 말합니다. 독자가 책에 스마트폰을 올리면 무료로 제공되는 '사진으로 보는 일본 답사기'와 '북토크'를 보고 들을 수 있습니다.

앞으로 창비는 NFC 기능을 통해 오디오북, 슬라이드 강연, 서평, 북토크나 북콘서트 영상, 독자투고 영상이나 사진과 저자의 코멘트 등을 추가로 제공할 수 있습니다. 독자들이 서평이나 단평을 올리며 토론을 벌일 수도 있습니다. 이제 한 권의 종이책은 곧 미디어입니다. 몇 백 원이면 붙일 수 있는 태그가 이렇게 책의 가치를 증진시킵니다. 책이 출간되었다고 바로 그걸로 끝일까요? 책은 무한한 상상력의 세계로 연결되는 매개에 불과합니다. 그러니 저자와 독자가 함께 읽고 토론하면서 계속 내용을 업그레이드할 필요가 있습니다.

창비는 8월 초에 출판사 26곳과 연대해 영아부터 초등 저학년 대상의 364권의 책에 오디오북을 NFC로 제공하는 '더책' 서비스를 시작했습니다. 최근에는 황정은 장편소설『계속해보겠습니다』와 황석영 장편소설『여울물 소리』개정판에 오디오북을, 탁석산의『달려라 논리』(전3권)에 저자의 동영상 강의를 NFC로 제공했습니다.

온라인서점이 등장한 이후 우리 출판시장은 오로지 가격 할인으로 독자를 유혹하는 데 혈안이 되어 있었습니다. 그러나 지난 11월 21일부터 새 도서정가제가 적용되면서 그런 방식은 거의 불가능해졌습니다. 그러니 이제 콘텐츠 제공자(출판사)도 변해야 합니다. 디지털 미디어를 활용한 커뮤니케이션이 스마트폰으로 집중되면서 사용자(독자)는 수준 높은 콘텐츠를 요구함과 동시에 모든 채널에서 브랜드의 일관성 유지를 요구하고 있습니다. 따라서 콘텐츠 제공자는 다양화되는 사용자의 욕망에 부응하는 동시에 즉각 능동적인 대화를 나눌 수 있어야 합니다.

이제 상품을 일방적으로 만들어 뿌리는 브로드캐스트 시대가 지고, 생산자와 소비자가 서로 소통하는 시대가 열리고 있습니다. 블로그를 우리는 제5의 미디어라 불렀습니다. 그 이후에도 무수한 미디어가 새로 등장했습니다. 인류의 역사가 시작된 이래 축제나 이벤트가 없었던 적은 없습니다. 모든 사람이 미디어가 되어 정보를 발신할 수 있는 세상이 되면서 누구나 유익하고, 공익적이며, 재미있는 콘텐츠를 만들어 전 세계의 독자와 만날 수 있습니다. 그러나 누구나 자신이 '지난여름에 한 일'을 감출 수 없는 세상이기도 합니다.

더구나 세계는 1등만 살아남고 1%가 지배하는 세상이 되었습니다. 1%는 곧 0.1%로 줄어들 것입니다. 극단적으로 양극화된 세상에서 지배당하는 느낌을 받는 99.9%는 자주 분노할 수밖에 없습니다. 그런 사람들이 과거에는 '죽창'을 들고 거리로 뛰쳐나왔겠지만 지금은 사회관계망서비스(SNS)에서 폭발합니다. 스마트폰으로 정보의 바다를 헤엄치다가 상대의 잘못을 트집 잡아 공격하는 데 열을 올리는 '삐딱한 사람들'이 넘치고 있습니다.

지금 디지로그 세상에서는 기사가 자동 생성되어 큐레이션 미디어에서 편집되어 SNS 등에서 날개를 달고 자유롭게 유통되고 있습니다. 그래서 단 한 번의 실수로 생각지도 못한 부분에서 공격을 받아곧바로 루비콘강을 건너는 기업이나 명망가가 속출하고 있습니다.

이제 콘텐츠 제공자(편집자)는 퍼블리터(publitor), 즉 에디터(editor)이면서 퍼블리셔(publisher)여야 합니다. 실력 있는 에디터는 콘텐츠 생산의 프로입니다. 달리 말하면 에디터는 상품(또는 기업)의 매력이 무엇인가를 발견하고 독자가 흥미를 느낄 만한 콘텐츠를 개발하여 전달할 수 있는 능력의 소유자입니다. 퍼블리셔는 정보를 많은 사람이 읽게 만드는 유통의 프로여야 합니다. 양질의 콘텐츠를 만들었더라도 읽히지 않으면 의미가 없습니다. 모든 상품은 기획 단계에서 읽히는 것부터 고려해야 합니다. 그래서 저는 상품이 출발하는 시점의 발상이 그 상품의 운명을 결정하는 세상이 되었기에 올해 초에 '퍼블리터의 시대'가 열린다고 주장한 바 있습니다.

이제 상품을 떨이로 판매하는 시대는 끝났습니다. 최상의 상품을 만든 다음 상품 정보에 부가가치나 엔터테인먼트적인 요소를 결합할 수 있어야 합니다. 한 기획자는 '콘텐츠 메이커'에게 액셀러레이터를 강하게 밟을 수 있을 정도로 과감해질 수 있는 용기, 기시감이 드는 콘텐츠 피하기, 밸런스 감각, 불필요한 것을 잘라내는 용기와 편집력 등을 갖출 것을 주문했습니다. 이미 미국의 기업들은 편집력을 갖춘 사람을 CCO(Chief Contents Officer, 웹사이트 콘텐츠 수집 및 제작 부문 최고 경영자)로 영입해 광고를 포함한 기업 정보, 상품의 노출 방식, 기업 대표의 미디어 노출 등 모든 정보를 총괄하는 업무를 맡기고 있습니다.

김정운은 『에디톨로지』(21세기북스)에서 "모든 창조적 행위는 유희이자 놀이다. 이같이 즐거운 창조의 구체적 방법론이 바로 에디톨로지다. 세상의 모든 창조는 이미 존재하는 것들의 또 다른 편집이다. 해 아래 새로운 것은 없다. 하나도 없다. 창조는 편집"이라고 말했습니다. 통섭, 융합, 크로스오버, 큐레이터, 콜라보레이션, 브리콜레르 등도 편집의 다른 이름일 것입니다. 이제 '가격 경쟁'이 아닌 '가치 경쟁'을 벌일 줄 아는 '퍼블리터'의 시대가 열리고 있습니다.

실제 삶의 '팩트'가
안겨주는 '감동'

성석제의 『투명인간』(창비)은 올해 출간된 한국 소설 중에서 가장 많이 팔렸습니다. 주인공 만수의 할아버지는 일제강점기에 사상 문제로 큰 고초를 겪고 시골로 숨어들었고, 아버지는 술에 의지하면서 힘든 농사를 지으며 가족을 부양해 왔습니다. 그러던 중 집안의 기대를 한 몸에 받고 자란 명석한 큰형이 베트남전에 파병되었다가 고엽제로 목숨을 잃자 만수는 졸지에 가장이 됩니다.

6남매 중 차남으로 태어난 만수는 "행복은 성적순으로 매겨지고 부는 상위 일 퍼센트가 독점하며 권력은 세습"되고 "정경유착, 금권언(金權言) 유착, 초국적 기업, 신정주의(神政主義), 광신적 테러"가 판을 치는 세상에서 가족을 위해서라면 무슨 일이라도 마다하지 않습니다. 정말 답답해 보일 만큼 자신을 버리고 오로지 가족을 위해 자신을 희생합니다. 그는 죽어 '투명인간'이 되어서야 "죽는 건 절대 쉽지 않다. 사는 게 훨씬 쉽다. 나는 한 번도 내 삶을 포기하지 않았다. 내게는 아직 세상 누구보다도 사랑하는 가족이 있으니까. 그 사람들은 나 같은 평범한 사람이 지지하고 지켜줘야 한다. 내가 포기하는 건 가족까지 포기하는 것"이라고 처음으로 솔직한 속내를 털어놓습니다. 하지만 만수의 가족들은 아무도 그를 인정하지 않았습니다.

영화 〈국제시장〉은 6·25전쟁 때 흥남철수 장면으로 시작됩니다. 덕수는 생사를 걸고 미군함정에 오르던 중 등에 업은 여동생 막순이를 떨어뜨리고 맙니다. 그 바람에 아버지는 입고 있던 외투를 덕수에게 입히면서 "아버지가 없으면 네가 가장"이라는 말을 남기고 딸을 찾으러 배에서 내립니다. 이것이 아버지의 마지막 모습이 됩니다.

아버지 당부대로 부산 국제시장에서 '꽃분이네'라는 직물가게를 운영하는 고모를 찾아가 더부살이를 하게 된 덕수는 서울대학교에 진학하게 된 남동생의 학비를 벌기 위해 파독(派獨) 광부를 지원하고, 여동생의 혼수비용과 가족들의 편안한 생활을 위해 베트남 전쟁터로 향합니다. 그는 고모가 죽은 뒤 헐값에 팔릴 뻔한 '꽃분이네'를 인수해 온갖 유혹에도 불구하고 끝까지 '꽃분이네'를 지켜냅니다. 그 가게야말로 덕수와 아버지를 이어주는 마지막 끈이었던 것이지요. 덕수는 1983년 이산가족 상봉 때 어렵게 막순이를 찾습니다. 미국으로 입양된 막순이를 만나고 1년 뒤 어머니는 세상을 뜹니다.

세월이 흘러 덕수는 온 가족과 함께 즐거운 시간을 보내던 중 궁

상맞다는 핀잔을 듣고 살그머니 안방으로 들어갑니다. "왜 당신 인생인데 당신은 없냐"는 아내의 핀잔을 들은 바가 있는 덕수는 혼자 안방에서 아버지의 외투를 품에 안고 아버지의 영정을 바라보면서 "아부지 내 약속 잘 지켰지예, 이만하면 잘 살았지예. 근데, 내 진짜 힘들었거든예"라고 말하며 오열합니다.

덕수는 '기억'이 무엇이냐는 손녀의 물음에는 정확히 대답하지만 '미래'가 무엇이냐는 물음에는 매우 당혹스러운 태도를 보입니다. 그렇습니다. 지난 시절을 힘겹게 살아낸 그이지만 미래는 없습니다. 〈국제시장〉의 덕수나 『투명인간』의 만수는 평범한 우리 이웃입니다. 올해에 그들에겐 '추억의 반추'만 있었습니다. 미래에 대한 희망을 잃은 채 순수와 열정이 가득했던 지난 시절을 되돌아보며 오늘의 '나'라는 존재가 갖는 진정한 의미를 반추하면서 최소한의 자긍심을 찾아가고자 했습니다.

불과 얼마 전까지만 해도 빈곤층과 중산층의 대립이 화두였지만 지금은 중산층마저 붕괴되고 있습니다. 잘나가던 의사, 변호사, 교수, 교사 등 지식노동자들마저 휘청거리기 시작하면서 99.9%의 국민은 미래에 대한 확신을 잃고 비틀거리고 있습니다. 자식을 위해 압축성장 시대를 오체투지로 살아낸 수많은 '덕수(만수)' 세대는 지금 신빈곤층으로 전락하고 있습니다. 가계 빚을 완전히 털지 못한 그들은 연금마저 파탄 날 지경이라 매우 불안해하고 있습니다. 연애, 결혼, 출산을 포기했다 해서 '3포세대'로 불리고 있는 그들의 자식들은 스펙 쌓기와 일자리 전쟁에 치여 인간관계와 내 집 마련마저 포기한 '5포세대'로 날로 진화하고 있습니다. 결국 부모와 자식이 동시에 추락하는 '이중 파탄'에 시달리고 있습니다.

상황이 이럼에도 박근혜 정부는 '진돗개'를 실세로 모시며 저들만의 리그를 벌이고 있습니다. 자신들의 추악한 비밀은 애써 감추고 반대 세력은 무슨 수를 써서라도 제거하고 있습니다. 세계대공황이 다시 엄습할 국면인 데다 국가재정이 심각한 위기임에도 그들은 서민들의 주머니를 짜는 데에만 혈안이 되어 있습니다. 이제 기대할 것을 완전히 잃어버린 대중은 눈에 보이는 실물이나 실제 삶에서 우러나오는 '팩트(fact)'가 안겨주는 '감동'에 빠져들고 있습니다. 영화 〈님아, 그 강을 건너지 마오〉에서 소녀 감성의 89세 강계열 할머니와 로맨티스트인 98세 조병만 할아버지의 지고지순한 사랑이 보여주는 감동 같은 것 말입니다.

이제 사랑을 시작할 기회조차 잡지 못하는 개인은 '사람'과 '사물'과 '사건'의 형태로 나타나는 디테일한 '팩트'에 감동할 것입니다. 깊고, 리얼한 팩트일수록 감동의 깊이는 달라지겠지요. 그래서 저는 2015년을 주도할 트렌드를 감히 '감동'으로 정했습니다. 감동과 분노는 동전의 양면 같은 것입니다. 대한항공 '땅콩 회항'의 조현아에게 우리는 크게 분노했습니다. 앞으로 0.1%의 자잘한 실수에 분노가 폭발하는 일들이 잦아질 것입니다. 아무쪼록 새해에는 감동이 늘어나고 분노는 사라지는 한 해가 되기를 간절히 기원합니다.

죽음의 유령이
너울거리는 사회

"그래. 그게 인생인 거지. 매일매일 똑같이 흘러가는 날들을 매일매일
의미 있게 만들어 가는 것. 그게 인생인 거지!"

3개월 시한부로 삶을 겨우 유지하고 있는 아버지 차순봉(유동근
분)은 피를 토하며 창문에 기대서서 막내아들이 두부를 파는 모습을
바라보고 이렇게 혼자 중얼거립니다.

KBS 드라마 〈가족끼리 왜 이래〉에 나오는 장면입니다. 영화 〈님
아, 그 강을 건너지 마오〉에서는 98세 노인이 89세 아내와 지고지순
한 사랑을 펼칩니다. 1,000만 관객 돌파를 코앞에 둔 영화 〈국제시
장〉의 주인공 덕수(황정민 분)는 고희를 넘겼습니다.

성석제 장편소설 『투명인간』의 주인공 만수도 가족을 위해 모든

것을 희생하다가 차에 치여 인생을 마감합니다. 이렇게 잘나가는 문화상품의 주인공은 모두 노인 일색입니다. 모두 죽었거나 죽음을 앞두고 있습니다. 하지만 불과 몇 년 전만 해도 드라마의 주인공은 젊고 싱싱했습니다. 〈시크릿 가든〉(2011), 〈해를 품은 달〉(2012), 〈내 딸 서영이〉(2013)의 젊은 주인공들을 떠올려 보십시오. 그들은 모두 역경을 이겨내고 사랑을 성취했습니다.

한국 사회는 정말 갑자기 늙어 버렸습니다. 왜 그럴까요? 불과 9개월 전에 벌어진 6·25 전쟁에 버금간다는 '세월호 참사' 때문인 것 같습니다. 세월호 유가족의 육성기록인 『금요일에 돌아오렴』(창비)을 펴낸 '416 세월호 참사 시민기록위원회 작가기록단'은 책에서 이런 깨달음의 말을 내놓았습니다.

"인간에게만 영혼이 있는 것이 아니라 사회에도 영혼이 있는 게 아닐까 하는 생각이 들었다. 희생자들과 우리 하나하나는 뿌리가 같은 영혼의 나무처럼 서로 연결되어 있었다. '아, 한 사회에서 함께 산다는 건 이렇게 서로 깊게 연결되는 것이구나.'"

처음 참사가 터졌을 때만 해도 대한민국 국민 모두는 이 땅에 이런 참사가 다시는 일어나지 않아야 하며 사태의 진상을 밝혀야 한다고 한목소리를 냈습니다. 그러나 반년도 지나지 않아 침체된 경제를 살려야 한다며 딸을 잃은 '유민 아빠'를 비정한 아빠로 내몰기 시작하더군요. 참척의 화를 당하고 단식 투쟁을 벌이는 유가족 앞에서 '폭식 투쟁'을 벌이는 불한당까지 등장했습니다.

그들이 살리겠다는 경제는 어찌됐나요? 디지털 혁명의 주도자는 이제 스마트폰이 아닌 사물인터넷으로 말을 갈아타고 있습니다. 텔레비전, 시계, 자동차, 가전제품, 전기, 가스, 수도 등의 인프라와 화장실 등 주변에 있는 모든 사물을 하나로 연결하는 사물인터넷 말입니다. 사물인터넷의 선두주자는 구글, 아마존닷컴, 애플 등 미국의 IT기업입니다.

가정용 온도 컨트롤(서모스탯)을 개발하고 있는 벤처회사 네스트를 사들인 구글은 인터넷에 접속해 고객의 집 온도를 최적으로 유지하면서 소비전력을 절약하는 디바이스를 개발해 100만 대 이상 판매하는 실적을 올렸습니다. 이 간단한 디바이스를 미국의 각 가정에 보급하면 전 미국의 전력소비 상황에 대한 '빅데이터'를 얻을 수 있습니다. 그 데이터를 전력회사에 팔면 막대한 수입을 얻을 수 있습니다. 아마존은 태블릿 단말기 '킨들'이나 '파이어폰'을 통해 고객의 빅데이터를 수집하고 있습니다. 애플은 자동차를 겨냥하고 있습니다. 자동차 내비게이션과 아이튠즈를 연결한 '탑재 시스템'은 이미 페라리나 BMW가 이용을 결정한 상태입니다.

이렇게 높은 이익을 내는 플랫폼은 미국이 장악하고 있는 한편 체력으로 승부를 해야 하는 단말기 시장은 저가 공세를 펴는 중국과 인도가 장악하기 시작했습니다. 그래서 한국과 일본의 전자회사들은 공멸할 것이라는 시나리오마저 등장하고 있습니다. 각종 사회지표 또한 악화일로를 걷고 있습니다. 더욱 심각해지는 저출산·고령화, 소득격차 확대, 높은 자살률, 65세 이상의 20%를 넘는 131만 명의 독거노인, 48%나 되는 노인 빈곤율, 아시아에서 가장 높은 가계부채, 국내총생산(GDP)의 약 60%를 차지하고 있는 개인소비의 급락 등 문제가 한둘이 아닙니다. 수출 기업의 어려움을 풀어주고 소비를 활성화하려고 작년 8월에 금리 인하까지 단행했지만, 꽁꽁 얼어붙은 소비심리는 좀처럼 풀리지 않고 있습니다.

저들끼리 권력투쟁을 벌이던 구중궁궐의 '환관'들은 그게 사달이 나자 자신들의 잘못은 '지록위마(指鹿爲馬)'마저 일삼으며 위기를 모면하려 들면서도 반대파들은 초법적인 자세로 제거하고 있습니다. 이미 헌신짝처럼 내던져 버린 '경제민주화'와 '보편적 복지'라는 공약에 대해서는 되레 비판하고 있습니다. 그러니 힘이 없는 국민들은 그저 죽음이나 떠올리며 애도하기에 급급한 게지요.

빌헬름 슈미트는 『나이든다는 것과 늙어간다는 것』(책세상)에서 "세속적으로 또는 종교적으로 이해되는 초월을 경험하기 위해 들어가는 관문"인 죽음은 "삶을 가치 있는 것으로 만드는 경계선을 그어준다"고 하네요. 지금 한국 사회는 그 경계를 넘나들고 있습니다.

극도로 허약해지다 보니 이생에서 미처 마무리 짓지 못한 것을 다가올 다른 생명에게 맡기거나 환하게 트인 저승에서의 '새로운 삶'에 가능성을 걸기 시작했습니다. 상처는 온전히 끌어안아야 하고 애도는 무조건적인 우정이어야 한다지만 죽음의 유령만 너울거리는 한국 사회가 과연 희망이 있을까요? 새해에는 모욕당하는 죽음이 모두 사라지고 젊음이 넘치는 충만한 삶만 가득하기를 간절히 기원해 봅니다.

소통이 필요한 곳에 '수사학'이 있다

아테네 시절만 해도 말을 잘해야만 살아남을 수 있었습니다. 샘 리스의 『레토릭』(청어람미디어)은 아테네에서 국가가 기소권을 행사하지 않아 시민이라면 누구나 다른 시민을 제소할 수 있었기 때문에 정치적이거나 노골적으로 앙심을 품은 재판이 잇달았다는 사실을 알려줍니다. 아테네의 배심원들은 "당파심이 강하고 유죄 선고에 안달하기로 악명이 자자했을 뿐만 아니라, 재산 많고 유명한 사람들의 콧대를 콱 꺾어놓아야 직성이 풀리는 호전적인 성향"이었기 때문에 난장판이 따로 없었습니다.

소송 당사자들은 재판정에서 스스로를 변호해야 했습니다. 민주주의의 출현으로 피투성이가 된 아테네의 귀족들은 "거대한 무리 앞에서 이야기하는 요령"을 배워 자신을 방어해야만 했습니다. 심지어 돈을 주고 전문가에게 진술문을 사기도 했습니다. 그러니 수사학은 급성장하여 산업의 중심이 되었고 수사법에 대한 관심도 점점 높아졌습니다. 소피스트들은 잘나가는 강사들이었습니다.

지금은 어떤가요? 박성희 이화여대 홍보학부 교수는 "설득하고 설득당하는 사회의 논쟁법"을 알려주는 『아규멘테이션(argumentation)』(이화출판)에서 "문자와 인쇄술이 발명되기 이전의 구전 시대에는 글자 그대로 '말'이 주된 소통의 도구였으나, 매체와 전달기술의 발달로 '말'과 '글'이 함께 보완하며 인간의 주요한 소통 미디엄이 되었고, 여기에 소리와 영상이 새로운 상징으로 가세했다. 인터넷을 기반으로 한 SNS 등의 소셜미디어는 구전의 전통을 다시 살려내어 혼잣말이 글이 되고, 대화가 공적 텍스트(public text)가 되는 새로운 지평을 열었다. 표현의 방식은 다양하지만, 거슬러 올라가면 모든 소통의 태초에는 '말'이 있었다"며 말이 더욱 중요해졌음을 일깨워주고 있습니다.

지금은 누구나 저마다의 (소셜)미디어를 갖고 세상의 모든 사람과 소통해야 하는 시대입니다. 김종영 서울대 기초교육원 강의교수가 『당신은 어떤 말을 하고 있나요?』(진성출판)에서 지적했듯 "사람이 있는 자리에는 말이 있고 말이 있는 곳에는 늘 소통이 문제가 되고 소통이 필요한 곳에는 늘 수사학"이 있어야 하는 세상이 되었습니다. 이 책에는 이런 일화가 나옵니다. 스필버그가 어릴 때 하루는 담임교사가 스필버그의 어머니를 학교로 오라고 해서는 스필버그가 수업시간에 잘 집중하지 않고 그림을 그리고 글을 쓰느라 정신없이 보낸다고 말했답니다. 이런 말을 들은 한국의 '헬리콥터맘'들은 뭐라고 말했을까요? 아마도 "어떻게 했기에 선생님이 학교로 오라고 한 거니? 뭐, 수업시간에 그림이나 그리고 낙서나 하고 있다고? 나 원 참 기가 막혀. 너 때문에 엄마는 속상해 죽겠다. 살맛이 안 난다"라고 하지 않을까요?

하지만 스필버그의 어머니는 "얘야, 오늘 선생님께서 네가 수업시간에 그림을 그리고 글을 쓰고 있다고 걱정하시던데 사실 엄마는 조금 속상했단다. 네가 좋아하는 그림을 그리고 글을 쓰는데 선생님께서 왜 걱정하실까? 네가 좋아하는 행동을 선생님과 네 친구들이 모두 인정해준다면 얼마나 좋을까? 얘야, 선생님과 네 친구들이 네 그림과 글을 인정할 수 있게 하기 위해 수업시간에는 열심히 공부를 하는 게 좋지 않겠니?"라고 말했답니다.

이 책에는 "상대의 마음을 얻는 공감과 소통의 수사학"이라는 부제가 달려 있습니다. 저자는 "수사학이 과거에도 학문의 여왕이라는 지위를 누렸지만 앞으로도 계속 학문의 여왕으로 군림할 것"이라고 주장합니다. 그때 스필버그의 어머니가 한국의 엄마들처럼 말했다면 저자의 지적처럼 아마 우리는 〈쥬라기 공원〉 같은 영화를 볼 수 없었을지도 모릅니다.

수사학 책들을 읽으며 떠오른 생각은 지난 몇 년, 베스트셀러 중 구어체 문장이 아닌 책이 없다는 사실입니다. 소설을 제외하고는 거의 모든 베스트셀러들이 구어체 문장입니다. 최근에는 『일빵빵 기초 영어』(서장혁, 토마토), '과학하고 앉아있네' 시리즈(동아시아), 『지적 대화를 위한 넓고 얕은 지식(지대넓얕)』(채사장, 한빛비즈) 등 팟캐스트 방송을 글로 풀어서 펴낸 책들이 속속 출간되기 시작했습니다. 이 책들을 읽으면서 저는 말을 글로 옮길 때의 방법론을 생각해보았습니다.

특히 『지대넓얕』은 '현실 세계'(역사·경제·정치·사회·윤리)와 '현실 너머'(철학·과학·예술·종교·신비)를 각각 다룬 두 권이 연달아 출간되었는데, 인문서로 방대한 지식을 다루고 있지만 책명, 지명, 사람 이름, 연도 등이 거의 등장하지 않습니다. 육화시켜 머릿속에 담아놓았던 지식을 하나로 이어진 이야기로 풀어내고 있습니다. 암기할 지식의 나열이란 찾아볼 수 없습니다. 말은 모름지기 이래야겠지요.

수사학 책들을 연달아 읽고 박근혜 대통령의 신년 기자회견문을 떠올려보았습니다. "존경하는 국민 여러분, 2015년 희망찬 새해가 밝았습니다. 지난 한 해를 돌이켜보면 국내외적으로 많은 어려움들이 있었지만, 모든 것을 극복하고 청양의 새해를 맞이하였습니다." 과연 국민들은 2015년을 희망차다고 느꼈을까요? 국민들은 작년의 어려움들을 극복했나요? 그들은 오늘보다 나은 내일을 기대하고 있을까요? 대통령이 말한 "해결 방안 마련"이 공감이나 소통 없는 공허한 말로만 그치지 않도록, 국정을 담당하고 책임지는 사람들이 제가 소개한 수사학 책을 한 권이라도 읽어 보기를 바랍니다.

가족은 해체되지 않고
변화할 뿐이다

요즘 영화나 드라마는 온통 가족 이야기 일색입니다. 공중파를 통해 전파를 탄 〈가족끼리 왜 이래〉, 〈펀치〉, 〈장미빛 연인들〉 등의 드라마는 모두 '3개월 시한부 삶'을 사는 부모가 가족을 지키기 위해 부단히 노력하는 모습을 보여줬습니다. 병역비리의 아들을 구하려다가 자신이 파멸하는 국무총리 후보자도 등장했습니다. 1,400만 관객을 넘긴 〈국제시장〉도 자신을 버리고 가족을 위해 헌신한 아버지의 모습을 보여줬습니다. 1,000만 관객을 모은 영화 〈인터스텔라〉는 아버지의 딸에 대한 사랑과 딸의 아버지에 대한 믿음 덕분에 시공간을 뛰어넘어 재회할 수 있었습니다.

왜 이렇게 가족 담론이 넘치는 걸까요? 제왕적 권력을 휘둘러대며 부와 혈통의 세습을 꿈꾸는 1% 초상류층의 속물의식에 질려버린 국민들이 진정한 가족을 갈구하기 때문일까요? 아니면 전통적 의미의 가족 해체가 워낙 심각하게 진행되다 보니 그에 대한 반작용으로 이런 일이 벌어지는 것일까요?

이순구는 『조선의 가족 천개의 표정』(너머북스)에서 "조선에서 가족은 절대적인 그 무엇이었다. 조선은 사회 운영의 일정 부분을 가족에게 일임했다. 부부가 중시되고 교육과 복지가 많은 경우 가족에 의해 이루어졌다. 이러다 보니 조선에서 가족은 절대적 가치가 되었다. 심지어 조선 말기에는 국가는 없고 집안만 있을 정도였다. 조선에서 사람들은 개인이 아닌 가족의 일원으로 살았다"고 했습니다.

이런 모습은 최근에도 볼 수 있습니다. 이완구 국무총리는 가족을 지키기 위해 못하는 일이 없었다는 것을 청문회를 통해 보여줬습니다. 하지만 정말 많은 국민들은 가족을 지켜내기 어렵습니다. 그러니 가족해체가 급격하게 이뤄지고 있습니다. 많은 이들이 가정을 꾸리는 것 자체를 포기합니다. 통계청은 올해 전국의 1인 가구가 500만 가구(27.1%)를 넘어설 것으로 전망했습니다. 10년 후에는 3분의 1의 가구가 1인 가구가 될 것으로 예측됩니다. 그때 1~2인 가구가 전체 가구의 70%를 차지하게 될 것입니다. 이제 부부와 자녀들로 구성된 한국의 전통적인 가족모델은 사실상 완전히 해체되어가고 있습니다.

몸문화연구소가 엮은 『우리는 가족일까』(은행나무)에서는 10명의 인문학자와 필드워커들이 지금 변화하고 있는 가족의 참모습을 찾아보고 있습니다. 이 책은 "가족은 해체되는 것이 아니라 변화하는 과정에 있다"고 주장합니다. "결혼을 하지 않는 동거, 독신자, 미혼모, 편모나 편부 가정 등의 숫자가 기하급수적으로 증가해도 가족은 해체될 수가 없다. 가족의 첫 번째 기능이 사랑과 정서적 결속감, 안정감에 있다면 동거나 동성결혼이 가족 위기의 원인이 될 수 없는 것이다. 만약에 가족에게 위기가 있다면, 그것은 가족의 형태가 아니라 정서적 결속의 부재"라고 말입니다.

부모와 자녀로 구성된 화목한 가족의 역사는 약 150년에 불과합니다. 그런데 그 가족이 무너지고 있습니다. 연애, 결혼, 출산, 인간관계, 집 등을 포기한 '5포세대'는 가정을 꾸릴 의욕조차 없습니다. 통계청이 13세 이상 남녀를 조사한 결과 결혼을 해도 좋고 하지 않아도 좋다고 응답한 비율은 38.9%로 2년 전보다 5.3%포인트나 높아졌습니다. 작년에 이뤄진 이 조사결과는 설 연휴기간에 언론에 보도되었습니다. 결혼을 하지 않는 것이 좋다는 비율까지 더하면 40% 이상이 결혼을 필수로 여기지 않는 것으로 나타났습니다. 특히나 결혼적령기인 30대는 50.7%로 절반이 넘었다고 합니다.

"가족이란 사회를 구성하는 최소 단위이며, 한 사회의 모습을 비추어주는 거울"이라고 합니다. 이제 1인 가구가 "한국 사회와 가족 관계의 현실을 가장 구체적으로 들여다볼 수 있는 결정적인 고리, 즉 '독신사회'의 탄생을 비추는 거울"이 되고 있습니다. 그러니 이혼 싱글맘이나 미혼싱글맘이 이끄는 가족이 불완전한 미완의 가족이라는 인식부터 버릴 필요가 있습니다.

"가족은 가장 따뜻한 공간으로 경험되는 동시에 큰 상처를 경험하는 공간"이기도 합니다. 상처만 안겨주는 가족은 거듭나야 합니다. 해체를 뒤집으면 재구성이 됩니다. 가족은 구성원의 "해체와 재구성의 과정을 통해 폭력과 증오가 자취를 감추고, 그 자리에 아름다움과 사랑이 들어설 수" 있도록 만들어야 합니다.

1960년대 후반에 유럽을 휩쓸었던 공동체 실험처럼 실험 가족도 가능하다는 주장에 귀 기울일 필요가 있습니다. 이미 "동성애자 커플, 동거, 공동주거 등의 형태로 새로운 유형의 가족이 출현"하고 있지 않나요?

그렇습니다. "혈통의 재생산이 아니라 정서적 유대감이 가족의 가장 중요한 요소"가 되는 세상에서는 "베를린 장벽보다 더 높고 두터운 가족의 울타리를 벗어날" 필요가 있습니다. 이제 "남녀부모와 자녀라는 하나의 구조로 이상화되었던 가족이 다양한 가족의 형태로 발전"하고 있다는 사실을 인정해야만 합니다. 구성원이 평등하고 정서적 유대가 이뤄지는 조직이라면 형식과 내용이 어떻든 가족이라고 부를 수 있어야 할 것입니다.

엄마가 변하면
아이도, 세상도 변한다

교사이면서 독서운동가로 맹렬하게 활동하던 한 교사가 2월 28일 스스로 학교를 떠났습니다. 가정에서 아이들과 함께 독서모임을 가졌던 경험을 정리한 『책으로 크는 아이들』과 가정 독서모임의 경험을 학교 현장에 접목해 실천했던 이야기를 담은 『도란도란 책모임』 등의 책을 펴낸 바 있는 백화현 교사입니다. 1년만 더 교사로 일하면 명예퇴직 자격을 얻지만 사태가 너무 엄중하다며 그마저 뿌리치고 서둘러 학교를 떠났습니다.

백 선생은 인간에게 '성적'과 '돈' 이상으로 중요한 것은 '존재함, 그 자체'라고 말해왔습니다. "인간에게 가장 본질적이고 가장 중요한 것은 '존재의 소중함'을 깨닫고 인정하는 것"이라고 말입니다. 그러나 학교 현장에서는 존재의 소중함을 제대로 가르치지 않았습니다.

그러니 자신이라는 존재의 소중함을 모르는 아이들이 타인을 함부로 대했습니다. 집단따돌림, 집단폭력, 자살 등이 계속 늘어난 것이 증거입니다. 최근에는 자신이 책을 읽지 않는 정도에서 그치지 않고 책 읽는 아이들을 괴롭히는 '책따'가 널리 확산되고 있다는군요.

백 선생이 '책모임'을 꾸린 이유는, "'책 속 인물들'을 빌미 삼아 자신의 내면 깊숙한 고민과 생각들을 굽이굽이 풀어놓을 수 있고, '책 속 사건들'을 핑계 삼아 마음껏 웃고 울 수 있"었으며, "내가 아닌 '너'의 마음과 생각 속을 처음으로 깊이 들여다보며 그가 물건이 아닌 사람, 많은 사연과 생각과 아픔과 고뇌와 꿈을 지닌 나와 같은 '사람'임을 비로소 깨닫게" 되었기 때문입니다.

하지만 백 선생은 '엄마'부터 바뀌지 않으면 아이들이 바뀌지 않는다는 것을 절감하고는 엄마들과 교사들을 자유롭게 만나 아이들의 미래를 허심탄회하게 이야기해보기 위해 교직을 떠난다고 했습니다. 그러니 백 선생은 학교를 떠났으되 떠난 것이 아닙니다. 그는 다른 모습으로 다시 나타나 학교를 변화시킬 것입니다. 이미 4월에는 엄마와 교사들을 만날 일정으로 수첩에 빈틈이 없다는군요.

저는 백 교사의 포부를 들은 날, 밤늦게 사무실에 들어와 인문학자 김경집의 『엄마 인문학』(꿈결)을 읽기 시작했습니다. 대학에서 25년 이상 '인간학'을 가르쳤던 저자는 2012년 2월 말에 대학 교단을 자진해서 떠났습니다.

"25년은 배우고, 25년은 가르치고, 25년은 자신을 위해 살겠다"

는 것이 그의 뜻이었습니다. 오로지 자신을 위해 살기 위해 그가 선택한 일은 책을 읽고, 글을 쓰고, 독서운동을 벌이는 것이었습니다. 그런 그가 이제 "엄마가 시작하는 인문학 혁명"을 소리 높여 외치기 시작했습니다. 그가 말하는 인문학은 "문학·역사·철학이 아니라 인간에 관한 모든 분야를 망라한 학문"입니다. 그는 "나의 생각이 변하고 세상을 보는 방식이 바뀌었을 때, 혁명이 일어납니다. 그리고 임계점을 넘은 지금이 혁명의 최적입니다. 혁명하려면 연대해야 합니다. 틀을 깨려면 확실한 믿음이 있어야 하고요. 세상은 이미 변하고 있습니다. 세상을 바꾸는 가장 중요한 방법은 엄마들의 혁명입니다. 엄마부터 시작하면 세상이 변합니다. 세상에서 가장 강한 힘을 가진 사람은 대통령도 아니고 재벌 총수도 아닙니다. 바로 엄마들입니다! 동시에 가장 유연한 사람도 엄마들입니다. 그러니까 가장 멋지고 유연하게 혁명할 수 있는 주인공은 엄마들입니다. 세상을 바꾸고 싶지 않으세요? 나를 위해서, 그리고 내 아들을 위해서!"라고 말합니다. 그리고 세속적으로 성공하는 "단 3퍼센트의 확률을 위해 최소 15년에서 20년 동안을 투자해야" 하는 지금의 교육은 '가정 파괴범'이라고 말합니다. '속도'와 '효율'의 낡은 패러다임에 맞춘 교육을 받았던 아이들은 이제 연애·결혼·출산·주택·취업에 이어 꿈과 희망까지 잃어버린 '7포세대'로 불리고 있습니다. 단군 이래 최장 시간 공부를 해서 최고의 스펙을 쌓은 결과가 고작 이렇습니다. 자식에게 모든 것을 쏟아부은 부모들은 은행 부채가 딸린 집 하나만

달랑 있는 하우스푸어로 전락했습니다.

우리는 어떻게 바뀌어야 할까요? 김경집은 최근 펴낸 『생각의 융합』(더숲)에서 "인간의 두뇌는 속도와 효율의 측면에서 볼 때 컴퓨터 알고리즘에 뒤지는 것으로 판명"되었다고 말합니다. 따라서 "많은 지식들과 정보들을 섞고 묶어 새로운 의미를 찾아내고 그것을 바탕으로 새로운 가치를 찾아내는 것은 여전히 우리 인간이 해야 할 영역으로 남아 있다. 그리고 그것을 극대화하여 컴퓨터 알고리즘의 한계를 채우는 것이 미래 가치를 만들어낼 것이다. 그것이 바로 융합의 가치이고 힘"이라고 말합니다. 또한 "텍스트 일변도에서 벗어나 다양한 콘텍스트로 엮어보고 해석하는 것이 창조와 융합의 시작"이라고 말합니다. 『생각의 융합』은 콜럼버스와 이순신, 코페르니쿠스와 백남준, 히딩크와 렘브란트, 정약용과 김수영 등이 시공간을 가로지르며 생각의 점을 잇는 구체적인 사례를 보여줍니다.

두 독서운동가는 "세상에서 가장 섹시한 혁명은 엄마의 서재에서 시작"된다고 말합니다. 엄마는 '읽히는' 존재를 넘어서 '읽는' 존재가 되어야 합니다. 엄마가 책을 읽고 세상을 읽고 사람과 삶을 읽어야 합니다.

이제 엄마들이 진정한 본색을 드러낼 때입니다. 엄마가 변하면 아빠도 변하고, 아이들이 변하고, 나아가 세상이 변할 것입니다. 그 세상에서는 아이들이 자기 삶의 주인공으로 당당하게 살아가게 될 것입니다.

'창조경제'와
학교도서관

"'나무에 물을 한두 번 주고 마는 것은 아예 물을 안 주는 것보다 못합니다.' 누군가가 한 말입니다. 교육부의 야심찬 계획 아래 진행된 학교도서관 활성화 사업이라는 마른 가뭄의 단비와 같은 기회로 이제 막 싹을 틔우고 뿌리가 땅속으로 뻗어나가려는 학교도서관이 결국 잎이 무성한 나무로 성장하지 못한 채 이대로 성장을 멈추어야만 합니까? …… 제발, 튼튼하고 늘 푸른 나무로 성장할 수 있도록……. 그리고 그 나무 아래에서 자라게 될 또 다른 수많은 꽃과 새싹들을 생각하여 계속적으로 물을 뿌려주시고 잡초를 뽑아주시기를 간절히 원합니다."

어느 분이 학교도서관 예산이 삭감되었다는 소식을 듣고 블로그에 쓰신 글입니다. 제가 알아본 바에 따르면, 지역에 따라 다소 편차는 있지만 전국 각급 학교 도서구입 예산의 40% 정도가 삭감되었습니다. 2014년 11월 21일부터 새로운 도서정가제가 적용되어 납품가가 올랐으니 책 구입 예산이 사실상 절반가량 줄었다고 볼 수 있습니다. 공동도서관 또한 사정은 비슷한 것으로 알고 있습니다.

전대미문의 글로벌 금융위기 직후 출범한 이명박 정부는 일제고사라는 시대착오적 정책을 도입하기는 했어도 2009년 초 경기 진작을 위해 사회간접자본(SOC) 예산을 전방위로 투여하면서 전국의 초·중·고교에도 1,000만원 내외의 도서구입비를 지원했습니다. 그것도 상반기 중에 집행하라고 압박했습니다.

그게 당시 위기에 빠진 출판시장에도 가뭄의 단비 역할을 했지만 그 효과가 그뿐일까요? 지금 국내 소비시장이 얼어붙어 거의 모든 제조업은 최악의 상황에 처해 있습니다. 출판시장도 매출 감소로 엄청난 위기를 겪고 있습니다. 그런데 책의 공적 수요마저 이렇게 반토막이 날 것으로 보여 5월 이후에는 엄청난 파국이 예상됩니다.

우선 출판사와 온라인서점의 갈등이 벌어질 것입니다. 매출 감소로 견디기 어려워진 출판사들은 책의 정가를 내리는 대신 서점으로의 출고가를 인상하는 방식으로 독자를 설득할 것으로 보입니다. 이를 거부할 온라인서점의 명분은 없어 보입니다. 작년에 한 학습참고서 회사를 인수한 국내 최대의 온라인서점 예스24는 자사의 총판들에 63%에 책을 공급하겠다면서 공공기관 납품을 종용하고 있습니다. 이런 일은 오프라인서점들의 존립을 위태롭게 하는 일일 뿐만 아니라 그렇지 않아도 책의 다양성을 기대하던 출판계 종사자와 독자들을 분노하게 만드는 일이기도 합니다. 아마도 책값의 70% 이상 가격으로 온라인서점에 책을 공급하겠다는 출판사들이 점차 늘어날 것으로 보입니다.

출판사는 그것만으로는 살아남을 수 없을 것입니다. 그러니 책의 출간 종수부터 줄일 것입니다. 이미 한 유명 출판사는 올해 아동 출판물의 출간 종수를 4분의 1 수준으로 줄이면서 직원들을 대거 내보내는 결정을 내렸다고 하는군요. 요즘 유명 출판사일수록 구조조정이 심각한 수준으로 진행되고 있다고 합니다.

이런 일이 늘어나면 글을 써서 먹고사는 저자나 필자들에게 곧바로 불똥이 튈 것입니다. 그러면 '창조경제'나 '문화융성'은 꿈도 꾸지 못하게 될 것입니다. 그리고 유통, 디자인, 인쇄, 제책, 지업사 등 출판사 협력업체들의 어려움은 더욱 가중될 것입니다. 출판은 모든 콘텐츠 산업의 근본입니다. 이런 파장은 다른 문화산업으로 퍼져갈 것입니다. 이미 "인문계 출신의 9할이 논다"해서 '인구론'이 회자되고 있지만 곧 99%가 노는 세상이 될 정도로 젊은이들의 일자리는 더욱 심각하게 줄어들 것입니다.

그런 일은 어떻게 버텨낼 수 있다고 합시다. 하지만 이 나라의 교육은 어떻게 될까요? 김경집이 『생각의 융합』(더숲)에서 강조하고 있듯이 "21세기가 요구하는 방식은 창조, 혁신, 융합"입니다. 정답만 요구하는 교육은 더 이상 유효하지 않습니다. "대부분의 영역에서 인간의 두뇌는 속도와 효율의 측면에서 컴퓨터 알고리즘에 뒤지는 것으로 판명"났습니다. 그래서 그동안 잘나가는 직업을 가졌던 중산층들이 급격하게 붕괴하고 있습니다. 따라서 인간이 이런 어려움을 극복하려면 많은 지식들과 정보들을 섞고 묶어 새로운 의미를 찾아내고 그것을 바탕으로 새로운 가치를 찾아내야 합니다. 이것은 여전히 우리 인간이 해야 할 영역으로 남아 있습니다. 이런 일을 "극대화하여 컴퓨터 알고리즘의 한계를 채우는 것이 미래 가치를 만들어낼 것"입니다. 그것이 바로 "융합의 가치이고 힘"입니다.

그런 힘은 어떻게 해야 키워질까요? 아이들이 다양한 책을 함께 읽으며 토론하는 과정에서 저절로 키워질 것입니다. 그래서 다양한 신간 서적이 구비된 학교도서관은 평등교육의 요체라 할 수 있습니다. 그런데 국가재정이 어렵다고 도서구입비부터 대폭 삭감했습니다. 이것은 집안 살림이 어렵다 해서 자식의 교육을 포기하는 것이나 마찬가지입니다. 책이 밥보다 소중하다고 말할 수는 없지만 밥만큼 소중할 것입니다.

박근혜 정부가 정말로 국가의 미래를 생각한다면 이명박 정부가 했던 것처럼 추가경정예산을 편성해 전국의 초·중·고교에도 1,000만 원 내외의 도서구입비부터 하루빨리 지원해주시길 간곡히 부탁드립니다. 그 일은 아이들을 "튼튼하고 늘 푸른 나무로 성장할" 수 있게 할 것이며 이 나라의 '창조경제'가 점차 빛을 발하는 시발점이 될 것이라고 장담합니다.

하버드생은
똑똑한 양떼일 뿐

"한 아이가 태어났습니다. 집안을 둘러보니 가난한 부모였습니다. 아이는 '이승에서의 삶은 끝났다'고 생각하고는 바로 목숨을 끊고는 저승으로 돌아가 버렸습니다."

이런 일은 현실에서 일어나지 않겠지요. 하지만 대학생들은 이런 자조를 맘껏 만들어내고 있습니다.

『청춘의 민낯』(대학가 담쟁이 엮음, 세종서적)은 "새벽부터 밤늦도록 아르바이트를 하고, 학교 수업의 개인 과제나 팀 과제를 하고, 스펙을 쌓기 위해 학원을 다니고 있었다. 합판 하나를 사이에 둔 고시원에 살면서, 학자금 융자로 벌써부터 천만 원 이상의 빚을 지고 있었다"는 대학생들이 쓴 낙서모음집입니다. 그 책에는 "'서울대를 가야 하는구나'에서 '이과를 가야 하는구나'에서 '외국 명문대를 가야 하는구나'에서 '집이 잘살아야 하는구나'까지 생각이 꼬리에 꼬리를 물고 이어진다"는 이야기가 나옵니다.

우리 사회에서 '개천에서 용 나는 일'이 가능했던 시절도 있었습니다. 그때는 이념과 학력이 달라도 공존할 수도 있었습니다. 그러나 오늘날은 느슨한 계급사회가 형성되어 가난한 집안에서 태어난 사람은 아무리 노력해도 결코 가난에서 벗어날 수 없는 세상이 되어버렸습니다.

우리만 그런 것이 아니었습니다. 국내총생산(GDP) 1위인 미국이 바로 그랬습니다. 『공부의 배신』(원제는 'Excellent Sheep', 다른)은 '엘리트 코스'의 교육을 받고 예일대에서 영문학을 가르치고 있는 윌리엄 데레저위츠가 '빅 스리'(하버드, 예일, 프린스턴)를 포함한 미국의 아이비리그가 '똑똑한 학생'들을 지적 호기심이라고는 없는 그저 '똑똑한 양떼'로 만들어내는 한심한 현실을 고발하는 책입니다.

그가 말하는 엘리트란 "자유주의자와 보수주의자, 전문가와 사업가, 상류층과 중류층 그리고 조직의 관리자와 성공한 인물 등 명문대를 나와 자신만의 독점적인 이익을 누리며 사회를 이끄는 무리 모두"를 뜻합니다. 그들은 "초등학교에 다닐 때부터 시작된 '끝없이 주어진 일과' 덕분에 명문대에 입학할 수 있었지만" 정작 자신이 어떤 삶을 살아야 하는지를 깨닫지 못한 경험의 소유자들입니다. "숙제를 해오고, 질문에 답하고, 시험을 치르는" 일만큼은 "순수혈통의 경주마들이 트랙을 도는 장면"처럼 경이롭게 해낸 사람들입니다. 하지만 그들은 "'학생이 되는 법'만 배웠을 뿐 '마음을 알아채는 법' 은 배우지" 못했습니다.

그들은 "학점, 사교클럽, 장학금, 의과대학 입학, 로스쿨 입학, 골드만삭스 취직" 등의 '마법의 단어'가 자신들의 운명뿐만 아니라 정체성까지 결정한다는 사실을 알았기에 "이력서에 쓸 수 없는 일은 언감생심 꿈도 꾸지 못"하고 그저 '스펙 쌓기'에만 열중했습니다. 그들은 "부와 안정 그리고 명성이라는, 제한된 개념 안에서만 움직"이다 보니 결국 "목표의식도 없고, 무엇이 나쁜지도 모르고, 무언가를 찾기 위해 어떻게 가야 하는지 이해"하지도 못하고 "자신의 길을 창조할 수 있는 상상력, 용기, 그리고 내적 자유"라고는 찾아볼 수 없는 '똑똑한 양떼'가 되었습니다.

대학은 "학생을 최고가 입찰자에게 팔아치우는" 이기적인 행동을 앞장서 실행했습니다. "우등생들이 우수한 직장에 들어가 돈을 많이 벌 수 있도록 훈련"시켜서 나중에 기부를 많이 하는 '부유한 동문'이 되기만을 목표로 삼았습니다. 그만한 투자수익을 내는 일은 없었습니다.

그렇게 배출되어 지배세력이 된 엘리트들은 "똑똑하고 재능 있고 에너지는 넘치지만, 또한 불안하고 탐욕스럽고 개성이 없고 위험을 회피"했습니다. "용기도 비전도" 없었습니다. 그들은 "시스템 안에서 작동하도록 훈련받았을 뿐, 더 나은 것은 창조할 수 있다고 생각하게끔 훈련받지는 못했"습니다. 신념, 가치, 원칙을 가르치는 인문학과는 거리가 멀었기 때문입니다. 그러니 전문가란 '지능지수 높은 바보'나 '폭넓은 사색이 부족한 사람'을 뜻하는 세상이 되었습니다.

이 책에서 알려준 지배세력이 보여준 행태는 정말 한심했습니다.

"더 안전하고 더 싼 약이 있는데도 의사들은 제약회사로부터 돈을 받고 그 회사의 약을 환자에게 과장해 권한다. 대학 총장들은 등록금 급등과 긴축 재정에도 불구하고 엄청난 봉급을 받아 챙긴다. 정치인들은 자신에게 주어진 직책을 망각하고 로비스트로서 자신의 주머니를 채우기에 여념이 없다. 단속 기관의 공무원들은 퇴직 후 자신이 감독하던 기업에 당당히 취업한다. 경영진들은 자신의 기업을 노략질한다. 투자은행들은 고객들을 상대로 음모를 꾸민다. 회계회사 및 신용평가기관들은 회계장부를 조작한다. 간단히 말해서 미국의 지배층은 국민에게 등을 돌렸다."

저자는 그들 모두 '자신'밖에 모른다고 질타했습니다. 하지만 이게 미국에서만 벌어지는 일일까요? 사람들은 대학이 몰락했다고 말합니다. 그러나 『진격의 대학교』(문학동네)의 저자인 오찬호는 기업의 노예가 된 한국의 대학은 죽은 게 아니라 "아주 생생하게 살아서, 활발히 진격하고" 있다고 말합니다. 당연히 방향이 문제겠지요. 한국의 대학은 미국의 대학을 어설프게 따라하고 있을 뿐이라는 것을 저자는 생생하게 보여줍니다.

　　이른바 '성완종 리스트'에 등장하는 사람들이 한결같이 '거짓말 자판기'처럼 행동하는 것이 이해가 되지 않았습니다. 하지만 이 책들을 읽고 그들이야말로 '똑똑한 양떼'이기 때문에 그럴 수도 있겠다고 고개를 끄덕일 수밖에 없었습니다.

불평등은
파국으로 가는 급행열차

과거에 아이들은 장래 희망이 무엇이냐는 질문에 의사, 판사, 교수, 기자, 소설가 등의 직업을 답변으로 내놓았을 것입니다. 그런데 요즘은 "살아남는 것이 장래희망"이라고 말하는 청소년들이 늘어나고 있다고 합니다. 에세이스트 김현진은 우리 사회에는 단 두 가지 선택만이 남아 있다고 말합니다.

"빈둥거리며 시간제 일자리로 입에 풀칠이나 하면서 남들의 멸시를 감당하거나, 죽도록 일하고 죽어라 돈 벌고 걸레 짜듯 골수까지 짜낸 다음 50대에 직장에서 쫓겨나거나."

지금 젊은이들은 미래의 희망을 접고 있습니다. 연예, 결혼, 출산, 인간관계, 주택구입, 희망, 꿈 등을 모두 포기한다 해서 '7포세대'로 불리고 있습니다. 과거에는 명문대를 나오거나 해외유학을 다녀오면 그래도 희망이 있다고 보고 스펙을 쌓으려고 열심히 노력했습니다. 그러나 단군 이래 최고의 스펙을 쌓았다는 '이케아 세대'(1978년생 전후)가 좌절한 이후 그 이후 세대는 자신의 '이바쇼(居場所, 거처)'조차 마련하지 못해 방황하고 있습니다. 물론 극히 일부는 예외입니다. 한 언론인이 지적했듯 "지위와 부, 계급이 3대 이상으로 세습되는 체제"에서 부모를 잘 만난 소수의 사람들은 이런 걱정에서 처음부터 비켜나 있습니다. 어쩌다 우리 사회가 이렇게 됐을까요? 우리 시대의 스승 신영복은 『담론』(돌베개)에서 "지금까지의 성장 패턴을 지속한다는 것이 불가능할 것"이라고 말합니다. 그는 그 이유를 이렇게 설명합니다.

"이미 반복되는 금융위기와 장기불황이 그것을 예시하고 있습니다. '과학의 발전과 욕망의 해방' 그리고 '대량생산과 대량소비'가 쌍끌이해 온 자본주의의 구조와 운동이 거듭 위기를 드러내고 있습니다. 토마 피케티는 『21세기 자본』에서 20대 기업의 300년간의 세무 자료를 분석해 자본이윤이 소득을 초과해 왔음을 입증하고 양극화에 경종을 울리고 있습니다. 우리가 피부로 느끼는 것은 국가부채, 가계부채, 양극화, 실업, 경기침체, 집값 하락의 문제에 불과하지만 이것은 자본주의 체제 자체의 문제입니다."

경향신문 5월 13일자는 2014년에 『한국의 자본주의』라는 문제적 저작을 펴낸 바 있는 장하성 고려대 교수가 새정치민주연합 싱크탱크 민주정책연구원에서 열린 '성장과 분배' 특강에서 한국 사회의 가장 큰 문제로 '소득불평등'을 꼽았다는 사실을 보도했습니다. 장 교수는 "소득격차 확대는 기업이 돈을 못 벌어서가 아니라 번 돈을 안에 움켜쥐고 있어서다. 이런 구조에서는 다음 세대에 희망이 없다"며 "무엇보다 정부와 정치권이 분배에 직접 개입해야 한다"고 말했다는 것입니다.

『백낙청이 대전환의 길을 묻다』(창비)는 원로학자 백낙청이 '젊은' 전문가들과 만나 우리 사회가 어떤 전환을 이뤄내야 하는지를 묻는 책입니다. 이 책은 우리 사회가 너무 단기적인 현안에 매몰되어 전체를 보지 못하는 현실에서 시대적 전환의 방향과 우리가 해결해야 할 분야별 과제들에 대한 총체적인 안목을 제시하고 있습니다.

경제편의 대담에서 정대영 송현경제연구소장은 "서민의 사람살이 즉 민생경제가 어려워지고, 중산층이 붕괴되는 것들이 한국 경제의 문제가 되는 거죠. 구체적으로 말씀드리면 오래된 주제지만 양극화 문제가 있고, 그와 연관되는 불평등 문제가 있고, 뒤이어 일자리 문제, 특히 아주 좋은 직업이 아니더라도 나쁘지 않은, 괜찮은 일자리가 매우 부족한 상황 등이 겹쳐 있어요"라며 양극화와 불평등을 최대의 현안으로 제시합니다.

정 소장은 이어서 한국 경제는 "거시경제 쪽에서 보면 세 가지가 핵심"이었다고 말합니다. "첫째가 물가를 올리면서 성장률을 높여왔고, 둘째는 환율을 계속 올리면서 수출을 늘려왔다는 것이죠. 물가나 환율이 오르면 우리 돈의 가치가 떨어지고 개인의 소득이나 자산가치가 줄어들죠. 셋째는 부동산 가격을 올리고 건설경기를 부추기면서 성장했습니다. 이런 세 가지 정책을 쓰면 단기적으로는 성장률이 조금 더 나아질지 모르지만, 장기적으로 보면 자산이나 소득의 분배구조를 크게 왜곡합니다. (중략) 지금까지 한국 경제는 꽤 빨리 성장해왔습니다만, 속으로 세 가지 정책의 부작용이 쌓여왔던 것이지요. 그런 부작용들이 모여서" 양극화나 불평등 문제가 심각하게 나타나는 것이라는 분석이었습니다.

"시장이 가장 완벽하게 작동할 때조차 불평등은 심화되며, 그런 의미에서 불평등은 자본주의의 필연적인 산물"이라고 주장하는 피케티는 현대 자본주의 사회를 '세습 자본주의'로 명명했습니다. "21세기 자본주의는 부모로부터 부와 지위, 신분을 물려받은 상속 엘리트들이 지배하는 '신 빅토리아식 계급사회'로 변해가고" 있다는 것이지요.

『21세기 자본』이 화제를 끈 이후 '불평등'이 세계의 화두로 떠오르고 있습니다. 불평등에 대한 책도 속속 출간됐습니다. 반세기 동안 소득과 부의 분배 문제를 연구해온 앤서니 앳킨슨의 『불평등을 넘어』(글항아리)는 세계가 처한 불평등의 문제를 투명하게 풀어내면서 불평등을 해결할 수 있는 포괄적인 정책들을 제안하고 있습니다.

『이따위 불평등』(이원재 외, 북바이북)은 불평등 문제를 다룬 25권의 책을 분석하면서 한국 사회가 처한 상황을 냉철하게 지적한 책입니다.

"불평등은 파국으로 가는 급행열차"라고 합니다. 이제 서둘러 우리가 그 열차를 멈춰 세워야 하지 않을까요?

'부패 청소부'가
필요하다

1980년 광주 참극 이후 출범한 신군부는 1981년에 반도체, 컴퓨터, 통신기, 전자제품 등 4개 부문을 중점적으로 육성하는 장기발전계획을 발표했습니다. 이 사업 중 당장 돈이 되는 것은 아마 전자사업이었을 것입니다. 1980년 12월의 컬러TV 방영 결정은 그중 전자산업부터 활성화하겠다는 야심이 드러난 결정이 아니었나 싶습니다.

1982년부터 컬러 방송이 시작됐지만 콘텐츠가 문제였습니다. 쇼 프로와 드라마로는 모두 채울 수 없었습니다. 1981년에 88올림픽 유치권을 획득한 5공 정부는 1982년에 프로야구를 출범시켰습니다. 잔디가 깔리지 않고 야간 조명 시설도 없는 운동장에서 서둘러 시작했습니다. 다음 해에는 프로축구와 민속씨름이 뒤를 따랐습니다.

1982년 1월 5일 새벽 4시를 기해 37년간 이어져오던 야간 통행

금지 조치가 해제되었습니다. 50년 이상 군사독재가 이어지는 나라에서 올림픽이 열리는 것을 국제사회가 비판하자 어쩔 수 없이 취한 조처였습니다. 그렇지만 이로 인해 심야 작업 교대가 가능해지자 기업들은 2교대를 3교대로 바꾸어 공장을 24시간 내내 가동할 수 있었습니다. 극장, 술집, 학원 등도 심야 영업이 가능해지자 극장에서는 〈애마부인〉 시리즈를 비롯한 에로영화가 봇물을 이뤘고, 여관방에서는 포르노테이프가 난무했습니다. 이른바 섹스, 스포츠, 스크린의 3S가 넘쳐나자 향락산업이 날개를 달았습니다. 때마침 저유가, 저금리, 저달러 등 '3저 호황'이 맞물려 기업들은 독재정권의 비호 아래 노동자들을 혹사시키며 이익을 늘려나갔습니다. 3S가 열기를 띠자 88올림픽이 개최될 때까지 700만 대의 컬러TV 수상기가 팔리면서 탄탄한 내수시장이 형성됐습니다. 그렇게 확보한 자금의 일부가 권력 상층부로 전달됐습니다. 컬러화로 말미암아 패션, 화장품, 광고 등 새로운 산업이 부상하자 많은 사람들의 마음이 들떴습니다.

김홍신의 『인간시장』이 등장한 것은 바로 이때였습니다. 악의 패거리는 언제든 응징할 수 있지만 연약한 애인 오다혜에게는 쩔쩔매는 장총찬의 이야기는 젊은이들의 애간장을 태웠습니다. 납본이라는 사전검열 제도로 판매금지도서를 남발하면서도 욕설과 과도한 섹스 장면만은 허용하던 시절이었습니다. 고도성장의 이면을 그린 『옛날 옛날 한옛날』과 빈민들의 처참한 생활을 담은 『꼬방동네 사람들』과 『어둠의 자식들』 등에서 애타게 하느님을 찾는 소리가 넘쳐날

때 하느님과 '맞짱 뜨겠다'는 22살의 장총찬이 주인공으로 등장한 『인간시장』이 베스트셀러 시장을 휩쓸기 시작했습니다. 1981년 9월에 1권이 출간된 『인간시장』은 1983년에 100만 부를 돌파하며 한국 출판 역사상 최초의 공식적인 밀리언셀러로 등극했습니다. 영화와 TV 드라마로 제작된 이 소설은 모두 560만 부나 팔려나갔습니다. 『인간시장』 1부 전 10권이 완간된 지 30년 만에 개정판으로 다시 출간되었습니다. 작가는 『인간시장』의 후속편을 쓰려고 했는데 지금의 현실과 조금도 다르지 않아 재출간을 결심했다고 합니다.

다시 읽어 보니 이 소설이 처음 쓰였던 34년 전이나 지금이나 달라진 것이 없더군요. 주인공 장총찬은 돈과 권력에 희생당하는 불쌍한 사람들을 괴롭히는 조직폭력배, 돈독에 오른 의사, 부패한 개신교 목사, 권력의 하수인이 된 법관, 교육은 뒷전에 두고 제 배에 기름창고를 만드는 사립학교의 젊은 이사장 등을 응징하기 위해 '표창'을 과감하게 날립니다. 장총찬은 하느님에게 이렇게 외칩니다.

"불량 학용품, 교과서 부정, 채택료 받고 교재 선택하는 교수, 자기가 지은 책 안 사면 점수 주지 않는 선생들, 치맛바람에 휩싸여 점수 요리를 하는 치들, 반장 선거를 부정으로 치르는 교사범, 실력보다는 돈으로 입학하는 가진 집 자식들, 월급보다 치맛바람으로 받는 봉투가 커 보이는 양반들…… 젊은이들은 그걸 다 안다고요. 두 눈 감고 아웅 하지 않게 좀 해주세요."

그 시절에는 이런 사실이 드러나면 부끄러워 얼굴을 들고 다니지 못했습니다. 그러나 지금은 어떤가요? "만성 담마진(두드러기)으로 인한 병역면제, 변호사 시절 전관예우와 고액 수임료, 종교적 편향성, 법무장관 시절 국가정보원 댓글사건 등 정치적 사건에 대한 부적절 대처 논란" 등의 혐의를 받는 황교안이라는 분이 국무총리에 지명되는 세상 아닌가요? 이것만 보아도 엘리트형 부패로의 역주행이 얼마나 심각한지 알 수 있습니다.

황 후보자는 법무법인 재직 3년 여간 17억 원을 받은 것에 대해 "국민 눈높이에 비춰 과한 것으로 생각될 수 있는 급여를 받은 점에 대해 송구스럽게 생각한다"는 요지를 담은 답변서를 국회에 제출했다고 합니다. 이 사실만으로도 조용히 자중해야 하는 것 아닌가요? 한국노동사회연구소가 분석해 2014년 11월 26일에 내놓은 자료에 따르면 시간당 5,580원인 최저임금도 받지 못하는 노동자가 전체의 12.1%인 180만여 명이나 되고, 임금이 정규직의 절반 수준인 비정규직이 전체 임금노동자의 45.2%인 852만 명이나 되는 나라, 그래서 자살률과 저출산율이 세계 1위를 달리는 나라에서 말입니다.

그래서 저도 장총찬처럼 소리치고 싶습니다.

"하느님, 눈 좀 똑똑히 뜨쇼! 그리고 장총찬 같은 부패 청소부 한 사람만 빨리 내려보내 주세요!"

문체가 아니라
공감되는 '이야기'여야

2014년의 '세월호 참사'는 국제적인 동정이나마 살 수 있었지만 2015년의 '메르스 참사'는 국제적 외면을 자초했습니다. 거리나 상가는 한산해지고 소비시장은 잔뜩 얼어붙었습니다. 상황이 이럼에도 국민통합과 경제민주화를 이루겠다던 박근혜 대통령은 여전히 양파 껍질을 벗기듯 생각이 조금이라도 다른 사람을 제거하고 있습니다. 이제는 여당의 원내대표마저 '벗겨' 낼 태세입니다.

지금 우리 사회는 삶의 안전망을 완전히 잃어버려서 불안을 넘어 공포를 느끼고 있습니다. 심각한 공포를 느끼는 사람은 스스로 공포의 대상이 되려는 경향이 있다고 합니다. 그래서 보다 강한 존재, 악마 같은 존재에 기대려고 한다지요. 공포가 강할수록 사회가 보수화되는 것이 이런 이치라고 하는군요.

이럴 때 인간은 공감이 가는 '이야기'를 갈구합니다. 하지만 한국 소설은 이야기보다 유려하면서도 서정적인 문체에 지나치게 집착하는 바람에 독자의 외면을 받기 시작했습니다. 심지어 '표절'이나 '자기복제'의 위험에 빠져들기도 했습니다. 신경숙은 그만의 고유한 문체로 지난 시절 대중을 압도한 작가입니다. 오길영이 『힘의 포획』(산지니)에서 지적하고 있듯이 신경숙의 문체는 "서정적이고 섬세"하기에 때로는 "감상성의 위험"에 빠지기도 합니다. 때문에 '표절 파동'을 불러온 것이 아닌가 여겨지기도 합니다. 오길영은 좋은 문체는 "아름다운 문체(美文)"가 아니라 "대상의 진실을 정확하게 포착하는 문체"라고 말합니다.

2015년 여름 독서시장에서도 대중은 '이야기'를 찾고 있습니다. 2015년 여름 출판시장을 달굴 외국 소설 세 권이 그걸 확인시켜주고 있습니다. 『오베라는 남자』(프레드릭 배크만, 다산책방)는 59세입니다. 열여섯에 고아가 된 그는 열심히 일해서 모기지도 갚고 세금도 내고 의무도 다했습니다. 소냐와 결혼하면서 비가 오나 눈이 오나 죽음이 우리를 갈라놓을 때까지 함께하자고, 서로 그렇게 동의했습니다. 40년 동안 한 집에서 살고, 같은 일과를 보내고, 한 세기의 3분의 1을 한 직장에서 일했습니다. 그런 그에게 젊은 관리자들이 "이제 집에 가서 쉬는 게 좋겠어요"라고 말했습니다. 늘 똑같은 일만 한 것이 직장에서 쫓겨난 이유가 됐습니다. 반년 전에 소냐가 돌아올 수 없는 먼 길을 떠나자 그는 자살을 결심합니다. 자살을 결행하려는 순간 이웃집에 이사 온 젊은 부부와 어린 두 딸이 찾아옵니다. 오베는 자신의 자살을 막은 그들에게 처음에는 까칠하게 대하지만 점점 마음을 열어가며 무심한 듯 열심히 챙겨줍니다. 오베는 근면과 성실을 최고 덕목으로 알고 살아왔지만 이제는 은퇴의 압박을 받는 우리의 평범한 이웃입니다.

『나오미와 가나코』(오쿠다 히데오, 예담)는 가정폭력에 저항하는 여자들의 이야기입니다. 가나코 남편의 폭력은 결혼하고 3개월이 지난 무렵부터 시작됐습니다. 술에 취해 돌아온 남편의 요구를 들어주지 않자 갑자기 흥분해 주먹으로 얼굴을 가격했습니다. 다음 날 아침 남편은 두 손을 싹싹 빌며 사과했지만 폭력은 날이 갈수록 도를 더해갔습니다. 백화점 외판사원 나오미에게는 가나코가 '유일한' 대학 동창입니다. 어릴 때 어머니가 아버지한테 맞는 걸 보며 자란 나오미는 가정폭력이 주변 사람들마저 지옥에 빠트린다는 것을 잘 알고 있습니다. 친구의 아픔을 두고 볼 수 없었던 나오미는 가나코를 설득해 가나코의 남편 다쓰로 '클리어런스 플랜'(남편 제거 계획)을 함께 세웁니다. 처음에는 겁에 질려 떨던 가나코도 점점 용기를 얻고, 자신을 구하겠다는 각오로 적극적으로 나섭니다. 영화 〈델마와 루이스〉에서는 두 주인공이 그랜드캐니언의 벼랑 끝을 질주해 장렬하게 자살해 해방된 세계를 찾아가는 것으로 끝이 나지만 이 소설의 주인공들은 당당하게 맞섭니다. '데이트 폭력'이 소셜미디어를 달구고 있는 가운데, 우리가 늘 마주하는 일상의 작은 폭력이 실은 세계의 거대한 구조적 폭력의 씨앗임을 예리하고 생생하게 보여주는 리베카 솔닛의『남자들은 자꾸 나를 가르치려 한다』(창비)의 문제의식과도 맥락이 닿아 있습니다.

『황금방울새』(도나 다트, 은행나무)에서 열세 살 소년 시오는 엄마와 함께 북유럽 황금기의 명작들을 전시한 미술관에 들어갑니다. 엄마는 시오에게 렘브란트의 제자이자 페르메이르의 스승인 파브리티우스의 '황금방울새'가 이번 전시회에서 "가장 뛰어난 그림"이자 "내가 정말로 사랑한 첫 번째 그림"이라고 말해줍니다. 그때 미술관에서 테러가 발생해 전시회장은 아수라장에 빠집니다. 엄마는 즉사하고 시오는 사고 현장에서 만난 기묘한 노인 웰티의 청으로 반지와 작은 그림을 갖고 미술관을 빠져나옵니다. 사실상 고아가 된 시오는 엄마와의 마지막 추억이 담겨 있는 '황금방울새' 그림을 품에 안고 웰티와의 약속을 지키기 위해 반지 주인을 찾아 나섭니다. 시오의 인생유전을 그리고 있는 이 소설은 상실과 집착, 운명에 대해 집요하게 묻고 있습니다.

이야기성이 강한 세 소설의 공통점은 모두 '죽음'을 화두로 하고 있습니다. 한없이 지친 삶을 살아가는 사람들은 이제『어떻게 죽을 것인가』(아툴 가완디, 부키)를 고민하기 시작했습니다. 삶의 마지막 순간, 즉 존엄한 죽음을 생각하는 사람들은 "무얼 두려워하고 무얼 희망할 수 있는지에 대한 진실을 찾으려는 용기"를 갖고자 합니다. 그런 사람들은 이 소설들에서 위로와 구원을 찾을 수 있지 않을까요?

'산촌자본주의'라는
궁극의 보험

2014년 8월 14일 〈경향신문〉에는 최경환 경제팀에 "더욱 과감한 소득 분배 정책"을 요구하는 홍기빈 글로벌정치경제연구소장의 칼럼이 실렸습니다. 그는 칼럼에서 "지금까지 경제성장은 오로지 투자를 통해서만 이루어지는 것이며, 분배와 소득 향상은 오로지 그 결과로 생겨나는 것으로 접근해야 한다는 사고방식이 지배적"이었지만 "지금은 그 어떤 정책을 쓴다고 해도 분배 구조를 바꾸어 대다수 국민들의 소득 흐름을 개선시키지 않는다면 백약무효이거나 일시적인 미봉책으로 끝날 만한 상황이라고 할 수밖에 없다"고 지적했습니다.

홍 소장은 "소득 분배 구조를 개선하려면 응당 실질임금을 인상해야 하며, 이를 위해서 최저임금의 인상은 물론 노·사·정의 많은 논의와 합의를 이루기 위한 노력을 해야 한다. 만약 이러한 대책이 한계 상황에 있는 기업들을 어렵게 하거나 수출 경쟁력과 투자 의욕에 해롭게 작용한다는 우려가 크다면, 그다음에는 체계적인 증세를 통해 복지 정책을 강화해 국민들의 실질 소득과 구매력을 고르게 늘리면 된다"는 대안을 제시했습니다.

그즈음 베스트셀러에 오른 책이 『시골빵집에서 자본론을 굽다』 (와타나베 이타루, 더숲)였습니다. 시골에서 빵집을 운영하던 저자는 돈이 지닌 부자연성과 자본주의 경제의 모순을 '마르크스 자본론' 과 '천연균'에 비유해 하나씩 풀어냈습니다. 저자는 "자본주의는 모순으로 가득 차 있다. '부패하지 않는' 돈이 자본주의의 모순을 낳는 주범이다. 그렇다면 차라리 돈과 경제를 '부패하게' 만들어버리면 어떨까? 이것이야말로 발효의 힘을 빌려 발효와 부패 사이에서 빵을 만드는 나에게 딱 맞아떨어지는 발상"이라고 말했습니다. 이를 깨달은 저자가 운영하는 시골빵집은 "단순함을 지향"했습니다. "만드는 자에게는 직업으로서, 소비하는 자에게는 먹거리로서의 풍성한 즐거움을 지키고 키워가기. 그러기 위해 비효율적일지라도 더 많은 손길을 거쳐서 공 들인 빵을 만들고, 이윤과 결별하기. 그것이 부패하지 않는 돈을 탄생시킨 자본주의 경제의 모순을 극복하는 길"이라고 생각했습니다.

지난달 출간된 『숲에서 자본주의를 껴안다』(동아시아)는 "예전부터 인간이 가지고 있었던 휴면자산을 재이용함으로써 경제 재생과 공동체의 부활에 성공하는 현상"을 말하는 '산촌(里山)자본주의'가 우리를 살릴 수 있다고 주장합니다. 버려진 산에 널린 나뭇조각이나 톱밥 등 목재 폐기물을 압축해서 펠릿(pellet)이라는 연료를 만들어 난방과 취사를 하고, 목재 폐기물로 건축재를 만들어 고층건물을 짓기도 하고, 경작 포기 농지를 활용해 물고기를 키우거나 지역 토산물을 재배하고, 지역의 노인들이 텃밭에서 키운 채소나 단호박, 감자 등을 지역의 복지시설이 구매하고, 빈집을 노인들의 쉼터로 활용하고, 노인들이 쉼터 옆에 있는 보육원의 아이들과 놀아주는 일 등은 '산촌자본주의'의 여러 모습입니다.

금융 전문가와 NHK 취재팀인 저자들은 '산촌자본주의'가 만병통치약이라고 말하지는 않습니다. 그들은 돈의 순환이 모든 것을 결정한다는 전제하에서 구축된 '머니자본주의' 경제 시스템과 함께 돈에 의존하지 않는 산촌자본주의를 서브 시스템으로 재구축할 필요가 있다는 주장을 내놓고 있습니다. 인간 생활의 필수품인 물과 식량과 연료를 어렵게 번 돈으로 구매할 것이 아니라 "산의 잡목을 땔감으로 이용하고, 우물에서 물을 긷고, 계단식 논에서 쌀을, 텃밭에서 채소를 기르"고 "최근에는 사슴도 멧돼지도 많이 늘어나서 사냥을 해도 다 먹지 못"하는 마당이니 이와 같은 "선조들이 산촌에서 부지런히 쌓아올린 숨겨진 자산"을 활용하면 사람을 부양하는 데 큰 도움이 된다는 것입니다.

글로벌 금융위기 이후 세계 경제는 공황의 위기에서 여전히 헤어나지 못하고 있습니다. 일본과 한국은 수출에 의존해 고도성장을 했습니다. 그러나 이제는 중국과 인도 등 신흥국과의 경쟁이 심화되면서 수출만으로는 한계에 봉착했습니다. 그러니 내수시장을 키워야 합니다. 그러나 경제성장은 크게 기대할 바가 없고, 고령화로 인간의 수명은 늘어나고, 미래에 대한 불안감은 증폭되니 불안감을 느낀 사람들이 지갑을 열지 않습니다. 일본에서는 고령자가 평균 3,500만 엔의 돈을 남겨놓고 죽는다고 합니다. 연간 100만 명이 35조 엔의 돈을 써보지도 못한 채 다음 세대로 넘겨준다고 합니다.

저자들은 "돈만 있으면 뭐든지 살 수 있는 사회"를 만든 것, 즉 "경제적 번영에 대한 집착"이야말로 일본인이 느끼는 불안의 가장 큰 원인이라고 말합니다. 동일본 대지진과 같은 천재지변이 '머니자본주의'의 기능을 정지시키는 것을 경험했습니다. 그러니 이런 '궁극의 보험'을 생각해내는 것 같습니다. 산촌자본주의야말로 사람과 자연의 유대를 통해 돈으로는 환산할 수 없는 세계가 펼쳐져 있다는 것을 깨닫고 진정한 자기 자신을 찾아가는 일이니까요.

경제성장 정책이 사실상 좌절된 박근혜 정부는 최근 강력한 노동시장 개혁을 예고하면서 "청년실업은 기성세대 책임"이라는 이상한 논리를 펼쳤습니다. 정부는 이제 이런 혹세무민의 논리로 세대갈등을 조장하지 말고 '부자 감세'부터 포기하고 소득 재분배를 통해 내수 소비시장을 키우는 정책으로 전환하는 한편, '산촌자본주의'를 활성화할 수 있는 여건 조성부터 서두르실 것을 감히 권합니다.

'독일의 역습'과
한국의 숙제

세계 경제의 불황을 떠올릴 때마다 늘 유로화의 위기가 함께 거론됩니다. 최대 진원지는 그리스입니다. 재정위기가 시작된 2010년부터 긴축으로 인한 실업과 경제난에 시달리던 그리스 정부는 결국 자체 통화 도입이라는 '그렉시트(Greek+Exit, 그리스의 유로존 탈퇴)'를 하겠노라는 벼랑 끝 전술을 벌이면서 국민투표에 부쳤습니다. 그리스 국민들은 구제금융 긴축 반대(OXI)에 60% 이상의 표를 던졌습니다. 그리스 국민들은 잠시 승리감에 도취됐습니다. 국내 일부 언론에서는 "그리스 서민층과 청년들의 승리"라는 현지 분위기를 전달했습니다.

　선거가 끝난 직후 독일의 앙겔라 메르켈 총리와 그리스의 알렉시스 치프라스 총리가 만났지만 그리스가 얻어낸 것은 아무것도 없었습니다. 승리가 아니라 처절한 패배였습니다. 이후 3차 구제금융

협상이 가까스로 타결되면서 그렉시트 위기와 그리스 국가부도가 봉합됐지만 그리스에 대한 주변국의 경멸적인 태도와 그렉시트를 받아들일 수 있다는 독일의 완강한 입장만 확인한 꼴이 됐습니다.

독일의 강경한 태도를 통해 우리는 패전국이던 독일이 1991년의 재통일 후 매우 짧은 기간에 경제 강국이 되었다는 것을 인정해야만 했습니다. 한스 쿤드나니는 『독일의 역습』(사이)에서 강한 제조업을 기반으로 한 수출 호황과 임금 상승 억제 등으로 남아돌게 된 독일의 돈이 전 세계를 떠돌게 되었다고 말합니다. 결국 이 돈은 "서브프라임 모기지 등 정크 증권에도 흘러들어갔고 이때부터 남유럽에도 상당한 규모의 악성 대출을 했다는 사실이 나중에 드러났다"는 것입니다.

1989년 베를린 장벽이 무너지고 독일이 통일되자 당시 영국의 마거릿 대처 총리와 프랑스의 미테랑 대통령은 통일로 거대해진 독일을 견제하기 위해 유럽 통합을 추진했습니다. 두 사람은 유럽 국가들의 경제적 주권을 확보하는 최선의 길은 '단일 통화'밖에 없다고 생각했습니다. 그래서 도입된 것이 유로화입니다. 강한 마르크화 때문에 힘겨운 싸움을 해야 했던 독일 기업들은 유로화가 도입되자 날개를 달았습니다. 유로존 주변국들의 고통을 이용해 유로화의 통화가치를 인위적으로 낮게 가져간 덕에 수출로 엄청난 '부당이득'을 취할 수 있었습니다.

경제전문가들은 '무임승차'를 통해 '부당이득'을 취한 독일이 앞장서 "유로채권을 발행해서 상호부조 형태로 부채를 관리하는 것만이 유일한 해결책"이라고 입을 모았습니다. 그러나 독일 정치인들과 메르켈 총리는 그 해결책이 "현실적으로 도덕적 해이를 야기할 것이기 때문에 채무국들에 더욱 강력한 구조 개혁을 압박해야 한다"고 주장했습니다.

많은 사람들이 힘의 정치를 부활하려는 메르켈을 이념보다는 국가 간의 힘과 실리에 기반을 둔 외교정책을 펼친 비스마르크나 2차 세계대전을 일으킨 히틀러에 비유하고, 패전국에서 '유럽의 병자'가 되었다가 경제 강국으로 도약한 독일을 '양의 탈을 쓴 늑대'로 지칭하기 시작했습니다. 이제 사람들은 독일의 첫 통일이 이뤄졌던 1871년부터 패전국으로 몰락한 1945년에 이르는 기간에 "공격적인 권력으로 행동하는 강대국의 모습 그 자체"였던 독일의 대외정책을 떠올렸습니다. 이런 정책이 또 다른 '대재앙'을 불러오지 않을까 우려합니다. 세계대전이 발발할 정도의 상황까지는 아니지만 '독일 문제'에 대한 관심의 환기가 필요하다는 생각을 하기 시작했습니다.

여전히 분단국에 살고 있는 우리는 "독일 민족의 정수가 언젠가는 세계의 구원자가 될 것"이라는 '독일 승리주의'의 재출현을 어떻게 바라봐야 할까요? 중국과 러시아와는 특별한 관계를 유지하면서 신경제와 금융서비스에만 치중한 미국과 영국 중심의 앵글로색슨 경제와의 대결에서 승리한 게르만 경제에서 무엇을 배워야 할까요?

강상중은 『고민하는 힘』(사계절)에서 나쓰메 소세키와 막스 베버가 살았던 19세기 말부터 20세기 초와 20세기 말에서 21세기 초에 걸쳐 살고 있는 지금의 '두 세기말'이 너무 닮았다고 말합니다. "19세기 말에 장기 불황과 내란 상태로 어지러웠던 유럽 여러 나라는 사태를 타개하기 위해 다른 나라로 몰려갔습니다. 일본도 비슷한 이유로 만주 등지로 몰려갔습니다." 이른바 '제국주의'의 출현이었습니다. 지금은 어떤가요? "국경을 넘어 '글로벌 머니'가 세계를 종횡무진 '배회'하고 있으며 그 '폭주'를 막을 수 없는 상태가 계속"되고 있습니다.

강상중은 막스 베버가 '금융 기생적 자본주의'를 "근대 자본주의의 '정통'"이라고 간주하지 않았지만 오늘날에는 "그것이야말로 좀 더 '선진적인' 자본주의의 시스템"이라고 말합니다. 한스 쿤드나니는 유럽이 "지정학적(geo-political) 딜레마에서 지경학적(geo-economic) 딜레마로" 빠져들고 있다고 말합니다. 1871년의 문제는 '지정학적 버전'이었지만 지금은 '경제 제국주의'라는 '지경학적 딜레마'로 바뀌었다는 것이지요.

패전국의 고통을 겪었던 독일은 절반의 주권이 아닌 온전한 주권을 행사하는 '정상 국가'가 되어야 한다는 주장을 펼치고 있습니다. 이것은 우경화되어 평화헌법의 개정을 통해 자신들도 전쟁을 할 수 있는 국가라는 일본의 '보통 국가'론과 닮아 있습니다. 독일과 일본의 공세 속에서 우리는 어떤 선택을 해야 할까요? 어쩌면 이제 새로운 수난을 겪을 준비를 해야만 하는 것은 아닐까요?

고장난 저울, 대한민국

요즘 젊은이들 사이에서 '헬(hell, 지옥)조선'이라는 말이 유행하고 있다고 합니다. 『연예, 결혼, 출산, 인간관계, 주택구입, 희망, 꿈 포기한 7포세대의 자본주의 정글에서 살아남기』(공진규, 유토피아)라는 자기계발서가 등장할 정도로 요즘 젊은이들은 미래의 꿈을 하나둘 접어야만 했습니다. OECD 가입국 중에서 자살률, 청년자살률, 노인자살률, 노인빈곤율이 1위인 나라에서 극단적으로 내몰리는 젊은이들이 '멘붕'(2012년)에 이어 '헬조선'이라는 말을 만들어내는 것은 지극히 당연해 보입니다.

인문학자 김경집은 『고장난 저울』(더숲)에서 "밝은 미래를 열어줄 결정적 열쇠"인 수평사회의 저울이 완전히 망가졌다고 말합니다.

"여기 저울이 있다. 저울은 무게를 재고 값을 정한다. 저울은 판단과 측정의 기준이고 객관성과 보편성의 잣대가 된다. 저울은 수평을 유지했을 때 제 기능과 역할을 완수한다. 그러나 지금 우리 앞의 저울은 기울어져 있고 추는 저울을 쥐고 있는 사람 마음대로 정한다. 그런 저울은 현재를 망칠 뿐 아니라 미래까지 깡그리 망쳐버린다."

사람은 태어나서부터 많은 욕망을 갖게 마련입니다. "본능적 욕망뿐만 아니라 의지적 욕망을 갖고" 있습니다. 인간의 특권이고 특징인 의지적 욕망은 대개 권력, 재력, 명예 등에 관한 것입니다. "그것을 획득하려면 대부분의 사람들에게는 상당한 노력이 필요"하지만 노력해도 그런 욕망을 달성할 수 없다는 현실을 깨닫게 되면 "절망, 분노, 체념으로 이어지게" 됩니다.

'80 대 20'의 사회에서는 '개천에서 용 나는' 사례가 많았지만 "신분의 상승과 순환은 거의 구조적으로 막혀 있고 부자가 될 가능성은커녕 부의 재분배조차 왜곡된 상태에서 가난을 대물림하기 십상"인 '99 대 1'의 사회에서는 절망과 좌절만이 넘치는 세상이 되었습니다.

이제 사람들에게는 성욕과 식욕 같은 본능적 욕망만이 남았습니다. 그러나 일자리를 구하지 못했거나 비정규직 일자리에 겨우 진입한 젊은이들에게는 "사랑마저 사치인 시대"입니다. 그러니 식욕만이 유일하게 남아 텔레비전에서는 '먹방'이니 '쿡방'이니 하는 먹는 프로그램이 난무합니다. "먹는 것조차 연명을 위해 쑤셔 넣는 수준의 식사" 정도는 "나도 할 수 있다"고 안내하는 방송에서 '존재감'을 겨우 확인할 수 있는 세상일 따름입니다.

저울이 작동하지 못하니 "거짓이 참을 능멸하고 탐욕이 정직한 노동을 우롱하며 불의가 정의를 조롱"하는 일이 넘치고 있습니다. 대한민국은 그야말로 절체절명의 위기입니다. 누가 이 고장난 저울을 고칠 수 있을까요? 마침 2017년은 대통령 선거가 있어 저울을 고칠 수 있는 결정적인 시기입니다. 김경집은 우리 사회를 수평사회로 되돌리기 위한 현실적이며 심각하지 않고 누구나 실천할 수 있는 경제, 교육, 세대 등 세 가지 긴급의제를 제시합니다.

흔히 '보수'가 경제는 잘 알 것이라고 착각하지만 보수정권은 '4 대강' 같은 시대착오적인 토목공사를 경제를 살린다는 독선과 아집에 빠져 민주적 절차와 토론을 무시한 채 무리하게 밀어붙였습니다. 그 결과 경제를 망쳤고 미래는 파괴됐습니다. 통제되지 않은 탐욕의 경제는 정치의 타락을 가속화시켰습니다. 김경집은 우리 사회를 '자유로운 개인'이 연대하는 팀제와 같이 수평적이고 자발적인 조직으로 전환시켜야 한다고 말합니다. "이는 더 나은 경제를 만들고 더 좋은 일자리를 창출하며 보다 창조적으로 선도하는 삶과 사회를 가능하게 하는 기본요소"이며 "그게 진정한 경제민주화의 바탕"이니까요. "소수의 우등생, 그것도 부모의 신분과 재력, 지역의 선별성에 따른 우등생만 양성하는 교육은 오히려 계급을 상속하는 도구로 전락"하는 바람에 "창의력과 상상력이라는 중요한 미래 가치는 실종"

되고 말았습니다. 이것은 아이를 죽이고 부모의 욕망만 채우는 일이었습니다. 앞으로 "교육에서 중요한 것은 개인으로서의 자아를 형성하고 자신을 설계하도록 하며, 자유로운 개인들 간의 연대의식을 정립시키는 것이다. 그러기 위해서는 어릴 때부터 수평사회의 가치와 체제를 체감하고 훈련해야 한다. 자율성과 창의성을 신장하면서 동시에 다른 사람에 대한 공감과 이해의 태도를 학습해야 한다. 그런 점에서 학교에서의 민주주의 교육은 필수적"입니다.

언제부터인가 노인세대는 기득권을 옹호하는 세력으로 굳어졌습니다. 김경집은 청바지와 통기타로 상징되는 '세시봉' 세대에게 기대를 걸고 있습니다. 억압과 통제의 굴레에서 벗어나 저항과 풍요, 그리고 창조의 혜택을 누린 이 세대, 최초로 수평사회의 기초적 교육을 받았고 불의에 맞서 목숨 걸고 싸운 경험이 있는 이 실버세대가 "민주주의를 농락하고 인권을 유린하며 법치를 조롱하고 모든 이익을 독점하며 사회를 병들게 하는 특권층의 탈법 행위와 더불어 망국적 지역감정을 깨뜨려줘야 한다"고 주장합니다. 모든 세대가 책을 함께 읽고 토론할 것을 누누이 강조하며 "책과 도서관은 우리 사회에서 삶을 재설계하고 리빌딩할 수 있는 가장 현실적 대안"이라고 말합니다. 어떤 일이 생겨도 그 사안에 대한 책을 "5권쯤 읽으면 윤곽이 보이고 이해도 따르며 10권쯤 읽으면 그 분야 전문가의 어깨쯤으로 수준이 높아지니" 서둘러 도서관으로 가서 책을 읽으며 자기교육과 미래 설계의 그림부터 그려보시는 것이 어떨까요?

국정 역사 교과서라는 자가당착

교육부는 2016년부터 학교 현장에서 고전 읽기를 강화하는 인문소양교육에 중점을 두기로 했습니다. 저는 2015년 6월 초 열린 교육부 주최의 '전국 초·중등 인문소양교육 포럼'에서 '대중 인문학과 대학 인문학'에 대해 발표를 했습니다. 그 자리에서 한 발표자는 요즘 교사들의 중·고등학교 때 성적이 너무 좋은 것이 문제라고 지적했습니다. 정년이 보장되는 교사라는 직업이 인기를 끌다 보니 우수한 학생들이 교사가 되고 있습니다. 그런 교사들이 학창시절에 누구보다 열심히 공부를 한 것은 분명합니다. 그런데 그런 교사들이 교실에서 공부를 열심히 하는 학생들만 챙기고 있는 것이야말로 문제라고 지적하면서 성적만으로 교사를 뽑는 것에 대해 회의적이라고 했습니다.

이명박 정부는 일제고사를 도입했습니다. 단순히 학업성취도를 측정한다고 했지만 모든 학생을 성적으로 줄을 세우는 제도였습니다. 학교평가와 연계하다 보니 교사가 성적을 조작하는 일마저 발생했습니다. 백번 양보해서 산업화 시대라면 이런 제도를 이해할 수 있었을 것입니다. 양질의 교육을 통해 양질의 노동력을 확보하는 것이 시급했으니까요. 그러나 지금은 속도와 효율의 교육이 아니라 창의적이고 주체적인 인간을 길러내는 교육이어야 합니다.

이런 시대에 교육의 기본은 읽기 능력의 배양일 것입니다. 책을 제대로 읽어낼 수 있는 능력을 키운 사람은 어떤 상황에서도 살아남을 수 있습니다. 따라서 교과서는 "인류문화의 정수를 모아놓은 표준지식"을 단순히 알려주며 암기시키기보다 "다양한 지적 호기심을 유발하고 더 깊은 지식 습득의 길을 알려주는 안내자"가 되어야 할 것입니다. 특정한 이념을 주입하려는 의도를 버리고 가치 갈등을 합리적으로 해결하는 능력을 배양할 수 있는 교과서여야 할 것입니다.

하지만 좀 더 진취적으로 생각하면 지식의 양이 3일 만에 2배로 증가할 정도로 변화의 속도가 빨라지는 지식기반사회에서 교과서가 오히려 장애가 되는 것은 아닐까요? 저는 우리나라도 이제는 미국이나 프랑스처럼 교과서 자유발행제로 가야 한다고 봅니다. 뜻이 있는 모든 출판사가 자유롭게 교과서를 발행하고 학교에서는 무수한 교과서 중에서 자유롭게 골라 적절한 수업을 할 수 있어야 합니다.

지금 학교에서는 일제고사가 사라졌습니다. 대신 2016년부터 전국의 중학교에서 자유학기제가 전면 시행됩니다. 교육부의 설명에 따르면 자유학기제란 "중학교 수준에서 한 학기 동안 중간고사와 기말고사 등 시험 부담에서 벗어나 토론과 실습 등 직접 참여하는 수업을 받고 꿈과 끼를 찾는 다양한 체험활동을 할 수 있도록 한 제도"입니다. 자유학기제는 진일보한 제도인 것만은 분명합니다. 그런데 이런 제도를 도입한 교육부가 어이없게도 역사교과서를 국정으로 발행한다는 자가당착의 결정을 내렸습니다.

그럼에도 불구하고 학생들은 다양하게 출간되는 교양서를 함께 읽고 토론하며 스스로 자신의 진로를 정해 가야 할 것입니다. 2013년부터 출간되기 시작한 '빅히스토리' 시리즈(전 20권, 와이스쿨)는 "우주·생명·인류 문명, 그 모든 것의 역사"입니다. 『세상은 어떻게 시작되었을까』(이명현), 『생명은 왜 성을 진화시켰을까』(장대익), 『세계는 어떻게 연결시켰을까』(조지형) 등 세 권으로 출발한 책이 어느덧 12권이나 나왔습니다.

저자들은 '빅히스토리'가 아닌 '빅퀘스천(Big Questions)'이라 해야 옳다고 말합니다. 나(개인), 가족, 민족, 세계, 인류로 점차 관심을 넓혀가는 것이 아니라 인류라는 '큰 질문'에 대한 해답을 얻게 되면 인간 존재에 대한 본질과 나라는 존재가 나아갈 바를 저절로 찾아낼 것입니다. '전체적인 상'이 무엇인지 아는 사람만이 이 복잡다단한 세상에서 스스로의 길을 찾아낼 수 있을 것이니 말입니다.

요즘 학생들이 읽고 토론하기 좋은 교양서가 꾸준히 출간되고 있습니다. 『철의 시대』(강창훈, 창비)는 철과 함께한 인류 4000년의 역사를 매우 압축적으로 잘 정리하고 있습니다. 철을 단순하게 설명하는 것이 아니라 철이라는 임팩트가 강한 '앵글'을 통해 인간의 욕망을 비추어 보고 철과 인간의 역사에 대해 이야기하고 있습니다. 『철의 시대』는 우주 공간에서 철이 처음 생성되는 과정에서부터 시작해 철이 인류의 문명과 일상생활을 장악하게 된 과정을 흥미롭게 서술하고 있습니다.

이제 학교교육은 권력을 가진 자의 특정 이념을 주입하는 것이 아니라 다양한 교양서를 함께 읽고 토론하는 과정에서 자신의 꿈을 찾아갈 수 있게 도와야 할 것입니다. 아직은 우리 교육이 교양서에 완전히 의존할 수 있을 정도로 책의 다양성을 확보하지는 못했습니다. 그러나 교육부가 올바른 방향만 설정해준다면 정말 다양한 책들이 빠른 시간 안에 출간될 것입니다.

교육부가 허튼 교과서에 투입할 예산을 이런 방향 설정에 서둘러 전환해 투입하시기를 간절하게 바랍니다.

'송곳' 같은 인간이
필요한 세상

지난주에 저는 지방 여러 곳에서 강연을 했습니다. 이동거리가 길어서 힘들었지만 무척 뿌듯했습니다. 주로 40~50대의 사람들이 책을 읽고 글을 써야 하는 이유를 설명하는 제 강의를 열심히 들어주었기 때문입니다. 60~70대의 남성들도 다수 참여해 열심히 들어주시는 모습에 당혹스럽기까지 했습니다.

이번 강연 투어에서 저는 한 지방 명문사립고에서 성적이 매우 우수한 학생들이 '스카이'에 원서 내는 것 자체를 거부했다는 이야기에 크게 감동했습니다. 비싼 돈을 들여 서울로 유학을 해도 취업이 되지 않는 마당에 무리할 필요 없이 집에서 가까운 대학에 진학해 부모의 부담이라도 덜어주겠다고 했다더군요. 가족들과 하루라도 더 같이 지내며 함께 책을 읽어보겠다는 학생도 있었다 하더군요.

2010년 3월에 창간되어 6년째에 접어든 월간지 〈학교도서관저널〉의 발행인인 저는 지난해 9월부터 성인들의 독서와 관련된 책을 여러 권 펴냈습니다.

『이젠, 함께 읽기다』, 『책으로 다시 살다』, 『서평 글쓰기 특강』, 『문학은 노래다』, 『은퇴자의 공부법』, 『당신은 가고 나는 여기』 등은 오로지 함께 책을 읽고, 함께 토론하고, 함께 글을 써야 한다고 주장하는 책들입니다. 이 책들의 기획자들은 독서공동체를 지향하는 숭례문학당의 참여자들입니다.

요즘 숭례문학당의 학인들도 무척 바쁩니다. 『서평 글쓰기 특강』의 공동저자인 김민영 씨는 지난 토요일에 부산 영광도서에서 강연을 하고는 엄청난 감동을 받았다는 소감을 전해 왔습니다. 대전과 김천에서도 독자들이 달려와서 자리를 꽉 채웠다더군요. 책을 읽고 나서 정리가 안 된다고 하소연하는 학생들에게 아무 조언도 할 수 없어 갑갑했다던 한 교사는 이런 강의를 아이들에게 직접 들려주어야 한다며 좋아했다더군요.

저는 이런 일을 겪으면서 우리 사회의 '성적지상주의'라는 견고한 성에 이제 본격적으로 균열을 내는 일이 확산되는 것 같아 무척 기뻤습니다. 함께 책을 읽으며 스스로 밝은 미래를 만들어갈 수 있다는 확신이 점차 늘어나는 것 같았습니다. 독서운동을 하는 몇 분에게 전화를 걸어보았더니 그들도 우리 사회에 책을 함께 읽어야 한다는 지평이 넓어지고 있다는 사실을 확인해주었습니다. 심지어

"도서관이 중심이 아닌 학교는 학교도 아니다"라고 말하는 분도 계신다더군요.

우리 사회에 균열을 내는 일은 또 있습니다. JTBC에서 방영하는 드라마 〈송곳〉입니다. "어쨌든 나는 모든 곳에서 누군가의 걸림돌이었다"는 푸르미마트 일동점 과장 이수인과 "서는 데가 달라지면 풍경도 달라지는 거야"라고 말하는 노동상담소장 구고신이 연대해 벌이는 노동쟁의의 모습을 제대로 보여주고 있는 드라마입니다.

드라마에서는 "여러분 곁에 노동조합이 있습니다.", "일 시킬 땐 가족이고 내쫓을 땐 가축이냐", "우리가 쉬워 보이지?", "내 목 굶다 잘라봐라", "과장은 접대받고 주임은 징계받고"라는 팻말을 들고 노동자들이 시위하는 장면이 등장합니다. 막장 드라마 일색인 현실에서 이젠 이런 드라마라야 장사가 될 만큼 우리 현실이 험악해진 것은 아닐까요?

드라마 덕분에 저는 책을 다시 읽어보았습니다. "여기나 저기나 어차피 최저임금인데 잘린다고 아쉬울" 것이 없는 한국에서 취업을 해도 평생 아무런 희망도 가질 수 없는 이들이 주인공들입니다.

"여기서 더 졸라매면 한강 다리 가려고 해도 차비가 없어서 걸어가다 굶어죽을 판인데 당신들 힘든 건 당신들이 못나서 그렇다. 왜 더 졸라매지 않느냐"는 핀잔만 듣는 노동자들이 정규직 노동자를 내쫓아내고 그 자리에 계약직이나 외주업체서 보내온 파견직을 꽂아 알량한 비용절감을 시도하는 회사에 대항하기 시작합니다.

"꼭지만 틀면 나오는 수돗물처럼 마음대로 쓰다가 아무 때나 갖다버릴 수 있는 이 좋은 세상"을 사용자들이 스스로 포기할 리가 없습니다. 하지만 대부분의 노동자들은 자신이 속한 집단과 조직의 부조리에도 두려움에 떨며 노예처럼 비굴하게 충성만 하고 있습니다. 드라마에서 한 해고노동자가 "지는 것은 안 무서워요. 졌을 때 혼자 있는 게 무섭지"라고 내뱉는 대사에서 이 시대 두려움의 정체를 확인할 수 있습니다.

'3포세대'가 '9포세대'로 진화하더니 더 이상 포기할 것이 없다 해서 'N포세대'로 불립니다. '금수저'를 물고 태어나지 못한 사람은 하루라도 빨리 자살해서 부잣집에서 다시 태어나는 편이 낫다는 자조가 넘치는 세상입니다. 50대 이상의 부모들은 세상살이에 지칠 대로 지쳐 보따리를 싸서 다시 들어오는 '캥거루족' 자식들 때문에 지쳐갑니다. 그런데도 박근혜 정부는 '부모세대'의 일자리를 줄여 '자식세대'의 일자리를 늘려야 한다며 세대갈등만 조장하고 있습니다.

책 속의 구 소장은 "분명 하나쯤은 뚫고 나온다. 다음 한 발이 절벽인지 모른다는 공포 속에서도 제 스스로도 자신을 어쩌지 못해서 껍데기 밖으로 기어이 한 걸음 내딛고 마는 그런 송곳 같은 인간이"라고 희망을 말합니다. 그렇습니다. 지금은 송곳 같은 사람이 만들어내는 균열이 매우 필요한 때입니다.

──────── 인공지능 시대의 삶

흙수저가 금수저를 이기는 확실한 방법

"사람들은 교육이야말로 성공의 열쇠이며 능력주의의 핵심이라고 말한다. 우수한 교육을 받고 학업 성취도가 뛰어나면 높은 소득을 올릴 수 있는 좋은 직업을 가질 수 있고 그 덕분에 한 단계 높은 계층으로 올라서고 있다고 강력하게 믿는다. 이런 의미에서 교육은 능력적 요인이 될 수 있다."

『능력주의는 허구다』(스티븐 J 맥나미와 로버트 K 밀러 주니어, 사이)의 저자들은 이런 능력주의가 통하지 않는 세상이 되었다고 말합니다. 개인의 능력보다 부모의 배경, 학교와 교육 시스템, 사회적 자본과 문화적 자본, 부의 상속, 특권의 세습, 차별적 특혜, 사회 구조적 변화 등 비능력적 요인이 능력을 이겨 버리는 세상에서는 '개천에서 용이

나는' 일은 결코 없을 것이라는 말이지요. 오히려 학교와 교육은 "불평등한 삶을 대물림하는 잔인한 매개체"일 뿐이라고 단언합니다.

나이 서른셋의 지방대 시간강사가 대학원에서 공부한 과정과 시간강사로서의 처참한 삶을 담담하게 정리한 『나는 지방대 시간강사다』(309동1201호, 은행나무)는 그런 단언이 사실임을 확인시켜주고 있습니다. 이 책이 들려주는 대학의 현실은 암담합니다.

> "정년을 채운 교수들이 퇴임하면 기다렸다는 듯 그 자리를 지우고 비정년 트랙 강의 전담 교수를 채워 넣는다. 그리고 '해임'한다. 대학은 나름대로의 신자유주의적 생태계를 구축해가고 있는 것이다. 학부생과 대학원생, 심지어는 졸업생의 값싼 노동력으로 행정의 최전선을 채운다. 4대 보험이나 퇴직금 명목조차 없는 4개월짜리 계약서를 받아든 시간강사들이, 2년짜리 비정년 트랙 교수들이 강의를 책임진다."

패스트푸드점에서 한 주에 60시간만 일해도 건강보험이 되는데 이 땅의 대학에서는 노동자에게 최소한의 안전망이라 할 수 있는 4대 보험조차 보장되지 않습니다. 이 책의 저자는 "지식을 만드는 공간이, 햄버거를 만드는 공간보다 사람을 위하지 못한다면, 참 슬픈 일"이라고 말합니다. 그는 교수의 책을 나르다 다쳤지만 모든 책임을 자신이 져야 했던 슬픈 고백을 털어놓고 있습니다. 그렇게 참고 일해도 정년이 보장되는 교수가 된다는 것은 하늘의 별을 따는 것보다 힘든 세상입니다.

이런 대학에 전망이 있을까요?『빅 픽처 2016』(김윤이 외, 생각정원)은 인터넷을 통한 쌍방향 온라인 공개강좌인 '무크'(Massive Open Online Course)로 인해 "15년 내에 미국 대학의 50%가 사라질 수 있다"는『혁신 기업의 딜레마』의 저자이자 파괴적 혁신 이론으로 유명한 클레이튼 크리스텐슨 하버드 교수의 주장을 소개하고 있습니다.

'참여와 개방'을 표방하는 무크는, 무료로 전 세계의 누구에게나 열려 있기에 교육 불평등을 다소 해소할 수 있으며, 학점·크레디트와 상관없이 지식 향상, 교육 기회 확대, 교육의 접근성 증대 등을 위한 사회적 서비스이며, 교육 방식이 수요자 중심으로 전환되고 있으며, 평생교육 시장을 확대하고 있고, 수강생이 불특정 다수라는 특성이 있습니다. 곧 무크가 활성화될 것이기에 우리나라의 대학은 곧 셋 중 둘은 도태될 것으로 보입니다.

얼마 전 지방 강연을 끝내고 50대 초반의 수강자들과 이야기를 나누다 한 지방 명문고의 성적 우수자들이 이른바 '스카이' 진학을 포기했다는 놀라운 이야기를 들었습니다. 집에서 가까운 지방대에서 장학금을 받으며 학교를 다니면 부모의 등골도 보호해주고 부모님 생전에 가족끼리 훈훈한 삶을 좀 더 길게 살 수 있다는 이유를 댔다더군요.

저는 이야기를 들으면서 우리 사회에서 '학력지상주의'라는 공고한 장벽에 드디어 금이 가기 시작했다는 사실에 크게 안도했습니다. 저는 그 자리에서 앞으로 5년 이내에 셋 중 한 사람은 학교에 보내지 않을 것이라는 이야기를 했습니다. 그러나 다른 자리에서 제 이야기를 들은 이는 이미 부잣집 아이들은 5명 정도가 모여 새로운 학습을 하고 있다는 소식을 들려주더군요.

또 다른 이는 한 사교육업체가 35개의 프랜차이즈를 두고 이와 비슷한 교육을 펼치기 시작했다는 이야기와 함께 이런 이야기를 전해주었습니다.

"지금 학교에서는 신호가 파란불일 때는 건너고 빨간불일 때는 건너지 말라는 단순 지식만 가르칩니다. 그러나 사교육업체는 그런 약속의 의미와 함께 창조적인 방법으로 다양한 약속을 만들어내는 창조력을 가르칩니다. 이제 지식을 단순하게 전달하는 학교의 시대는 끝났습니다."

'금수저'를 물고 태어난 아이들은 어떻게 해서든 앞서나가는 모양입니다. 어쩌면 몇 년 이내에 학교는 맞벌이로 아이를 돌봐줄 수 없고 사교육도 시킬 수 없는 가난한 집의 아이들만 득실거리는 공간이 될지도 모르겠습니다. 이걸 이기는 방법이 있냐고요? 물론 있습니다. 어려서부터 함께 책을 읽고, 토론을 하고, 글을 써보는 것입니다. 마을마다 작은도서관을 만들어놓고 그곳에서 동년배끼리, 혹은 여러 세대가 함께 책을 읽고 토론부터 벌이는 것입니다. 이것이야말로 인터넷으로 모든 지식의 공유가 가능해진 시대에 '흙수저'가 '금수저'를 이겨낼 수 있는 가장 확실한 방법이 아닐까요?

'미움받을 용기'에 열광하는 세대

보름밖에 남지 않은 2015년에 가장 많이 팔린 책은 80만 부를 넘긴 『미움받을 용기』(인플루엔셜)입니다.

프로이트, 융과 함께 심리학의 3대 거장으로 꼽히는 아들러의 가르침을 철학자인 기시미 이치로와 프리랜서 작가인 고가 후미타케가 철학자와 청년의 대화 형식으로 풀어낸 이 책은 올해 내내 베스트셀러 1위를 달렸습니다. 이제 기시미 이치로의 책들이 원서에도 없는 '용기'라는 이름을 줄줄이 달고 번역 출간될 정도입니다.

저는 1월 21일에 발표한 한 글에서 이 책이 일본에서 큰 인기를 얻은 것은 아들러의 주장이 '사토리(득도) 세대'의 의식구조와 맞아떨어졌기 때문이라고 썼습니다. 초등학생 때부터 성적보다 자율성을 강조하는 '유토리 교육'을 받은 이 세대는 어려서부터 스마트폰을 이용한 '스마트폰 세대'이기도 합니다. 이들은 검색으로 거의 모든 정보를 얻고, 언제 어디서나 엄지손가락으로 글을 써서 주변 사람들과 자유롭게 소통하고, 액정화면을 통해 이성이 아닌 감성을 느끼는 세대입니다.

일본은 네 사람 중 한 사람이 65세가 넘을 정도로 세계에서 가장 빠르게 노령화되고 있는 나라입니다. 2060년에는 그 비율이 40%까지 치솟을 것으로 예상됩니다. "생활보호기준에 해당하는 고령자 및 그 우려가 있는 고령자"로 불리는 '하류노인'이 700만 명, 혼자 사는 노인이 500만 명인 나라입니다. 올해에도 NHK에서는 고령자의 빈곤을 다룬 프로그램을 몇 편 잇달아 방송했고, 여러 미디어에서는 '간병 퇴직'이나 '노후파산'을 메인 특집으로 내세우며 고령자의 빈곤과 격차의 문제를 제기해서 큰 반향을 일으켰습니다. 미디어의 주된 관심은 '노인세대'였습니다.

책 시장에서도 103세의 고령임에도 현역에서 맹렬하게 활동하고 있는 미술가 시노다 도코가 때로는 다정하게, 때로는 엄하게 인생을 살아가는 법과 즐기는 법을 전수하는 『103세가 돼서 알게 된 것 – 인생은 혼자라도 괜찮아』가 오랫동안 베스트셀러 1위를 달렸습니다. 평생 독신으로 살아온 시노다는 이 책에서 "100세를 넘으면 어떤 식으로 나이를 먹으면 좋을까, 저도 처음이라 경험이 없어서 당황"한다면서 "모두 스스로 창조해서 살아가지 않으면 안 됩니다"라고 조언합니다. 그는 또 "100세가 넘으면 인간은 차츰 '무(無)'

에 가까워지고 있다고 느낍니다. 하나의 예로 나는 작품을 그리기 시작하면 전혀, 아무것도 생각하지 않습니다. 작품과 나와의 사이에는 붓이 있을 뿐, 단지 그리고 있는 것입니다. …… 무의식중에 자연스럽게 완성되어 있습니다. 게다가 지금까지 본 적이 없는 전혀 새로운 경지의 작품"이라고도 말했습니다.

그렇습니다. 이제 인간에게 필요한 것은 이른바 '지성'이나 '윤리적 판단 능력'이 아닙니다. 오로지 인간적 자존심을 지키며 살아남는 것입니다. 너무 길어진 수명 때문에 그렇게 살아내는 것이 쉽지만은 않습니다. 그러니 이제 '교양'의 개념부터 달라지고 있습니다.

모리모토 안리 국제기독교대 학무부학장은 『2016년의 논점 100』(문예춘추)에 실린 '대학교육과 반지성주의'라는 글에서 "교양이란, 요컨대 인간이 손에 넣을 수 있는 지식 같은 게 아니다. 무엇인가를 아는 것이 그 지(知)를 얻은 사람의 인격에 반드시 깊은 영향을 미치게 되는 방식으로 알게 되는 것"이라고 말합니다.

이런 교양은 어떻게 터득할 수 있을까요? 무슨 수를 써서라도 살아남아야 하는 청년들이 "흔들리는 실존의 물음에 직면하면서 고통스럽게 얻을 수 있는 것"입니다. "결단의 순간 고려해야 할 선택지를 찬찬히 바라보며, 그것이 가져올 파장을 가늠해"볼 때 사람은 "자신의 가능성과 한계를 알게" 됩니다. 이때 바꿔야 할 것을 바꾸고 받아들여야 할 것을 받아들이면서 양자를 구분하는 통찰력을 기르게 됩니다. 모리모토는 결국 교양이란 "이렇게 자신을 되돌아볼 수 있는 능력을 기르는 지성"이라고 결론내립니다.

그런 관점에서 바라본다면 『미움받을 용기』도 한 '교양'으로 볼 수 있습니다. 필요 이상으로 돈을 벌겠다는 의욕이 없고, 도박을 하지 않고, 해외여행에 관심이 없고, 대도시보다 나고 자란 고향에 대한 관심이 많고, 연애에 담백하고, 과정보다 결과를 중시하는 '사토리 세대'는 '지금 여기'라는 신변에서 가까운 행복을 소중히 여겼습니다. 그들이 가장 싫어하는 것은 남에게 무시당하는 일입니다. 그들이 욕을 먹을 각오로 일을 하면 못 이룰 것이 없다는 것을 철학자의 말을 빌려 하고 있으니까요.

이런 성향을 가진 '사토리 세대'를 한 보수신문은 '달관세대'라고 했습니다. 하지만 이들을 빼닮은 한국의 젊은이들은 '절망세대'가 맞습니다. 이제 더 이상 포기할 것이 없어 'N포세대'로도 불리는 그들은 단군 이래 최고의 스펙을 쌓았던 '이케아 세대'(1978년생 전후)가 대부분 비정규직에 머물며 방황하는 모습을 목도하고는 어떤 시도조차 포기한 채 좌절하고 있습니다.

'금수저'나 '다이아몬드 수저'라는 스펙이 아니고서는 아무것도 이룰 수 없다는 극단적 비관을 하게 된 그들이 가장 열심히 읽은 책이 『미움받을 용기』입니다. 따라서 우리 사회도 곧 지식 생산 기능을 상실한 학자가 아니라 후반생의 문을 화려하게 연 이들에게서 교양이나 지혜를 갈구하게 될 것으로 보입니다. 저는 거기에 '스토리두잉(storydoing)'이란 문패를 달아주었습니다.

실버데모크라시 시대와
불안의 극복

이 시대의 키워드가 '불안'이라고 다들 말합니다. 독일의 사회학자인 하인츠 부데는 『불안의 사회학』(동녘)에서 오늘날의 불안은 계급 갈등의 차원만은 아니라고 봅니다. 그는 지금의 불안은 "근본적 개혁 없이도 기존 구조 내에서 자신들의 계획을 실현할 수 있는 중산층"에 집중되어 있다고 말합니다. "교육을 받고 자격을 갖추면 자연스럽게 사회적 지위를 얻기 마련인데, 그러지 못할 거라는 걱정 때문에 분노·증오심과 원망을 갖게"되는 '중산층의 충격'이 심각한 수준이라는 것이지요.

그는 2008년의 세계금융위기를 겪은 이후에 OECD 전체 국가들 가운데 경제력이 가장 강한 나라가 된 독일에서 중산층들이 처한 불안한 분위기를 이렇게 전합니다.

"한때 선망의 대상이었던 의사나 어문학 박사조차도 구석으로 내몰릴 수 있고, 교육과 소득 및 직업으로 가치를 평가당하는 세상에서 밀려날 수도 있다. …… 대학에 다닐 때만 하더라도 만인의 관심을 받던 남학생, 또는 교사가 되기 위해 준비하던 여학생을 20년 후에 만나면, 냉소적인 알코올 중독자나 지친 모습으로 홀로 아이를 키우고 있는 엄마가 되어 있기도 하다."

그는 중산층이 불안해할 수밖에 없는 이유는 방향 감각을 상실했기 때문이라고 말합니다. "경제적 여유도 있고 탄탄한 자격증도 있는 개인이 오늘날 안전망도 없으며 언제라도 위태로워질 수 있다고 느끼는 까닭은, 자립하려는 노력과 공동체적 연대감 사이의 균형이 무너졌기"에 중산층은 단순한 분열의 차원을 넘어 갈가리 찢어졌다는 것이지요.

일본의 예를 볼까요? 일본은 대다수 기업이 '잃어버린 20년'의 긴 터널 속에서 인건비를 철저하게 삭감하면서 이익을 확보하는 경영 전략을 수행했지만 노동자의 실질 임금은 전혀 개선되지 않았습니다. 하지만 양육비에, 주택비 부담, 부모 부양비 등이 더욱 가중되었지요.

일본에서 은퇴를 한 단카이 세대(1947~1949년생)는 전체 인구의 약 5%를 차지하고 고령 인구 비율은 거의 30%에 이릅니다. 젊은 세대가 투표장을 찾지 않기 때문에 고령자의 투표를 통한 발언권이 상당하지요.

데라시마 지쓰로 일본종합연구소 이사장은 『2016년의 논점』(문예춘추)에 실린 "단카이 세대, 책임을 다하라"는 글에서 일본의 민주주의는 의사결정의 핵심을 현역에서 은퇴한 단카이 세대가 짊어지는 실버데모크라시의 시대로 돌입했다고 말합니다.

그는 2016년에 "단카이 세대가 과연 일본사회를 무겁게 짓누르는 우산 위의 눈이 될 것인가, 눈을 털어내는 역할을 하게 될 것인가. 자신들의 생활을 지키는 데 급급하여 세금의 분배에 열을 올릴 것인가, 일본 전체의 미래를 생각하여 행동할 것인가"라는 질문이 수면 위로 떠오를 것인데, 그 선택이 일본의 명운을 결정할 것이라고 말합니다. 그는 단카이 세대에게는 뛰어넘어야 할 두 가지 큰 벽이 있다고 말합니다.

하나는 정치신념이나 사상·철학, 이념, 나아가 문화적 가치보다 경제를 중시하는 가치관인 '경제주의'입니다. 일본은 패망 이후 오로지 부흥과 성장에 매진하며 경제 가치를 우선으로 하는 사회를 만들었는데 단카이 세대는 그 한가운데를 관통하며 살아왔습니다. 1인당 국내총생산(GDP)은 1966년 1,000달러를 넘어섰고, 1981년에는 1만 달러를 기록했습니다. 이 '황금의 15년' 동안 10대에서 30대의 청춘기를 보내면서 성장하는 경제가 가져온 풍요를 누린 단카이 세대는 경제만이 현실의 수많은 문제를 해결할 수 있다고 굳게 믿게 되었습니다.

다른 하나는 '사생활주의'입니다. 이것은 서구 근대에서 태어난 '개인주의'와 유사하면서도 다릅니다. "'개인주의'에는 국가 권력과 대립하는 긴장과 갈등 속에서 '개인'을 확립하려는 기개가 있었지만, '사생활주의'에는 그것이 없"습니다. 단지 '내 뜻대로 살고 싶다', '아무에게도 간섭받고 싶지 않다'고 주장하며 살아왔습니다. 그러면서도 단카이 세대는 지금 자신들의 생활을 지키기 위해 국가에 복지를 요구하면서 정년 후에도 유유자적 취미 생활을 즐기며 살고자 하니 사회는 기능을 잃어버리고 표류하게 된다는 것입니다.

저는 2015년 초에 60세가 넘은 『은퇴자의 공부법』의 저자들과 함께 여행을 하며 우리 사회의 노인의 역할에 대한 토론을 벌였습니다. 저는 한 독자가 이 책의 독후감에서 지적한, "갖고 있는 돈 움켜쥐고 은퇴 후에 더 악착같이 벌어야 한다는 식의 사회분위기, 인생 100세 시대를 각자 알아서 준비해야 하는데 얼마나 돈이 많이 드는지 아느냐면서 개인에게 공포심을 자극하는 사회, 여유란 사후세계에나 가능한 일로 여겨지는 사회"에서 노인들이 어떤 태도를 취해야 할까라는 질문을 던져보았습니다. 강연과 토론을 하며 인생의 새로운 황금기를 구가하고 있는 그들은 겸손한 자세로 자식 같은 젊은이들과 문학서와 인문서적을 함께 읽으며 토론을 벌이니 스스로가 변하게 되면서 일도 점차 늘어났다는 경험담을 털어놓더군요. 가족과 주변사람들이 덩달아 변한 것은 당연했고요.

지금 고령자들은 크게 늘어난 수명을 어쩌지 못해 불안해하면서 돈에만 집착하거나 사생활만 중시합니다. 하인츠 부데와 데라시마 지쓰로는 불안 극복의 해결책으로 '공동체적 연대감'이 가장 중요하다고 결론내리고 있습니다. 그렇습니다. 우리는 '마을 공동체'에서 불안을 극복할 지혜를 찾아야 할 것 같습니다.

디플레이션과
파견노동

소비시장이 심각하게 얼어붙고 있습니다. 과잉생산이 심각한 제조업이 위기라는 이야기가 여기저기서 들립니다. 제가 몸담고 있는 출판시장도 다르지 않습니다. 과거에 출판의 '명가'로 군림하던 출판사일수록 직원과 신간 종수를 줄이며 겨우 버텨 나가는 상황입니다. 과연 이런 방식으로 계속 살아남을 수 있을까요? 과거에 '골목'을 지키며 대장노릇을 할 때는 잘하면 호가호위도 가능했습니다. 그러나 지금은 글로벌 상상력이 필요할 때입니다. 이른바 전 세계를 압도하는 창조력이 발휘된 상품을 만들어내지 않으면 살아남기 힘든 세상입니다.

인건비를 비롯한 제반 비용은 증가하는데 책값은 올리기 어렵습니다. 경제는 조금이나마 성장한다고 하는데도 물가가 떨어지는 '디플레이션'이 날로 심해지고 있습니다. 일본이 그랬습니다. 모타니 고스케가『일본 디플레이션의 진실』(동아시아)에서 밝히는 논지는 간단합니다. "경제를 움직이고 있는 것은 경기의 파도가 아니라 인구의 파도, 즉 생산가능인구=현역세대 수의 증감"이라는 객관적 '사실'이라는 것입니다. 일본에서 '생산가능인구의 감소와 고령자의 급증'을 몰고 온 것은 '단카이 세대'(1947~1949년생)입니다. 2010년부터 2015년까지 448만명의 단카이 세대가 은퇴했지만 그로 인한 빈자리를 대졸자 등 신규 인력이 채워주지 못했습니다. 1973년에 209만 명이던 출생자 수는 2007년에 109만 명까지 떨어졌습니다. 저자는 "일본인의 노화에 따른 인구의 파도는 지구온난화에 의한 해수면의 상승처럼, 장소에 상관없이 모든 존재를 덮치고 있다"고 경고하고 있습니다.

저자는 "일본 경제를 좀먹는 생산가능인구의 감소에 따른 내수축소"에 대한 처방으로 제시되기 쉬운, "생산성을 올려라, 경제성장률을 올려라, 경기대책으로 공공공사를 늘려라, 인플레이션을 유도해라, 친환경에 대응하는 기술 개발로 제조의 선두주자로서의 입지를 지켜라 등에는 실효성이 결여되어 있다"고 강조합니다. 저자는 생산가능인구가 감소하는 추세를 조금이라도 둔화시키기, 생산가능인구에 해당하는 세대의 개인소득 총액을 유지하고 증가시키기, (생산가능인구+고령자에 의한) 개인소비 총액을 유지하고 증가시키기라는 세 가지 목표를 제시했습니다. 이를 실현하기 위한 대책으로는 고령

부유층에서 젊은 세대로의 소득 이전 촉진, 여성 취업의 촉진과 여성 경영자의 증가, 외국인 관광객 및 단기 체류자의 증가 등을 내놓았습니다.

간단하게 말해 젊은이들의 소득을 늘려주고 고령자들의 소비를 촉진하거나 '장롱예금' 같은 고령자의 자산을 젊은 세대에게 서둘러 상속시켜 주어야 한다는 것입니다. 저축을 끌어안고 살다가 죽게 되는 노인들의 재산을 상속하는 이의 평균연령이 67세라고 합니다. 상속받은 이가 다시 그 돈을 끌어안고 살다가 죽는 일이 반복되니 그 돈의 일부라도 미리 세상에 풀어서 젊은 세대가 활용하게 만드는 것은 매우 중요해 보입니다. 여성의 일자리를 늘려주는 것은 두말할 필요가 없을 것입니다. 혹여 "국제경쟁력 유지를 위해서"라는 이유를 대면서 "비정규직 노동자를 고용하는 것으로 비용을 절감하고, 현역세대를 대상으로 한 상품을 헐값에 팔아서 살아남으려고 하는 기업"은 자살행위를 하는 것이라고 단언합니다.

저자는 일본이 '동네의 보석가게'라고 말합니다. 이웃들에게 돈이 없으면 보석가게는 손님이 없습니다. 하지만 이웃인 한국, 중국, 대만이 성장하면 할수록 비싼 제품이 잘 팔려서 일본은 돈을 벌었습니다. 미국을 비롯한 중국, 한국, 대만, 러시아, 영국과 독일 등 유럽 국가들은 대일본 적자를 기록했습니다. 그런데 유독 프랑스와 이탈리아와 스위스는 대일본 흑자를 기록하고 있습니다. 이들 국가는 천연자원의 수출국가도 아니고 첨단기술 제조업 입국(立國)도 아닙니다. 저자는 "프랑스, 이탈리아, 스위스에는 일본 제품이 브랜드력에서 따라잡지 못하는 고급품이 많이 있습니다. 그것들은 첨단기술 제품이 아닙니다. 식품, 섬유, 가죽공예품, 가구와 같은 '경공업' 제품이 일본에서 팔리고 있습니다. 식품 중에서도 가장 원시적인 물, 저는 딱히 맛있다는 생각이 들지 않는 '에비앙'조차 일부러 프랑스에서 운송해 팔고 있습니다. 와인도 일본의 가정으로 침투하고 있습니다. ⋯⋯ 그런 이유에서 우리가 목표로 삼아야 할 것은 프랑스나 이탈리아나 스위스의 제품입니다. 그것도 식품, 섬유, 가죽공예품, 가구와 같은 '경공업' 제품에서 '브랜드력'으로 승리하는 일입니다"라고 말합니다.

우리는 어떤가요? 80% 이상이 가업을 승계한 기업 경영자들은 오로지 직원들을 해고해서 인건비라도 줄이며 겨우 살아남으려 안달하고 있습니다. 그들이 인건비 절감을 통해 몇 년은 겨우 버틸 수 있겠지만 과연 국제경쟁에서 살아남을 수 있을까요? 오로지 시험을 잘 봐서 고위 관직에 진출한 '수험엘리트'들은 죽은 자식이나 다름없는 부동산 경기를 부추기는 것으로 경제를 운용하다가 그마저도 힘들어지니 이제 노동자의 고혈을 짜내려고 국민을 선동하고 있습니다. 박근혜 대통령마저도 그들의 하수인이나 되는 것처럼 거리에서 '파견노동'이 가능하도록 노동법을 개정하라고 서명하며 국회를 압박했습니다. 지금의 현실에서 무엇보다 고민해야 할 것은 진정한 '창조경제'가 아닐까요. '브랜드력'은 '파견노동'으로는 절대 키울 수 없으니까요.

'수험엘리트'에게
정치를 맡길 수 있을까?

선거의 계절이 다시 돌아왔습니다. 정당들이 새로 영입한 인물들을 세워놓고 입이 마르도록 칭찬하는 일이 거의 날마다 벌어지고 있습니다. 가장 많은 직업이 변호사 등 법조계 출신입니다. 대부분 시험 하나를 잘 봐서 세상에 위세를 떨치며 살아온 이들입니다. 극악무도한 독재 권력의 시대에는 '법정에서의 민주화 투쟁'으로 많은 감화를 준 것이 사실입니다. 그러나 지금도 그럴까요? 주로 가진 자들의 이익이나 챙겨주며 살아온 이들 아닐까요? 그런 사람들에게 과연 우리들의 운명을 맡길 수 있을까요? 그렇다고 제가 이들의 실력을 깡그리 부정하는 것은 아닙니다. 그들은 '공정한 시험'이라는 '사법시험'의 관문을 통과한 '수재'들이 맞습니다. 하지만 그 시험이 과연 공정했을까요? 인간성까지 살펴보는 정성평가가 아닌 정량평가인데다가

컷오프로 통과자만 가려내는 객관적 시험이 과연 무엇을 평가했을까요? 어쩌면 '굉장히 편협'한 시험이 아닐까요?

출판시장에서는 늘 '공부'라는 키워드가 가장 확실한 블루오션이었습니다. 그래서 공부를 다룬 베스트셀러가 끊이지 않았습니다. 하지만 사회학자 엄기호와 정신과 전문의 하지현의 대담집 『공부 중독』(위고)은 공부만이 답이라고 믿는 사람들에게 공부가 "삶의 문제를 해결하는 데 도움이 되기는커녕 외려 삶을 질식시킨다"고 충고합니다.

"공부의 과정은 삶의 무능력자들만 체계적으로 양산하고 있다. 똑똑하되 멍청하며, 언변은 좋되 무능하다. 시험 문제는 잘 풀되 삶의 문제를 대처하는 능력은 형편없으며, 남을 품평하는 데는 날카로운 날을 세우되 자신을 성찰하는 데는 무디기 짝이 없다. 하나를 배워 다른 하나에 적용할 줄 아는 게 아니라 다른 하나가 내가 배운 하나와 다르다고 멘붕하고 열폭한다. 그건 배운 적이 없기 때문이다. 그래서 우리는 배울수록 무능력해지고, 배울수록 화만 내는 처지가 된 것인지도 모른다."(엄기호)

"공부의 블랙홀에 빠진 부모는 공부에 중독된 아이를 만들고, 그 아이들이 사회에 나온다. 공부 백 퍼센트짜리 순도 높은 존재일 뿐, 사회성, 공감능력, 유연성 같은 요소는 상대적으로 결핍된 상태다. 공부로 승부하는 나이는 이십대 중반까지이고 그 후에는 다른 요소들이 더 중요할 수 있는데, 이 요소들이 모자란다고 느끼면 역시 공부를 통해 해결할 수 있다고 여기며 책과 학원을 찾으니 기가 찰 노릇이다. 이런 악순환에 빠져 있는 것이 지금 우리 사회다. 공부라는 블랙홀이 학교를 넘어서 사회와 인생을 빨아들이고 있다."(하지현)

이 책에서 하지현 선생은 재미있는 일화를 들려주고 있습니다. 연애연구소를 운영하는 분이 기업 교육을 나가서 '연애란 어떻게 하는 것인가'를 가르쳤습니다. 제일 반응이 좋은 직업군이 판검사와 의사였습니다. '이럴 땐 이렇게 하고, 저럴 땐 저렇게 해라'라고 이야기해주는 것에 열렬한 반응을 보였습니다. 그런데 가장 시큰둥한 반응을 보인 사람들은 이마트 직원들이었습니다. 이분들은 늘 사람을 대하고 있으니 연애 기술(즉 사람 대하는 기술) 같은 것은 배울 필요가 없었던 것입니다.

더욱 문제인 것은 과거에 안전하다고 생각했던 '노선'들이 거의 사라지고 있다는 사실입니다. 하 선생은 "10년 전에 비하면, 법률직, 의사직, 교사직, 심지어 공무원들조차도 이제 안전성이 불확실해지고 있어요. 그래봤자 길어야 15년에서 20년"이라며 이들의 미래를 비관적으로 바라봅니다. 이게 시험만으로 세상을 편하게 살아온 '수험엘리트'들에게 마냥 미래를 맡길 수 없는 결정적 이유 아닐까요?

최근 개성 공단 폐쇄의 과정에서도 수험엘리트들은 공감 능력이 제로에 가깝다는 사실을 확인시켜주었습니다. "즉흥적이고, 통찰력 없고, 구호만 요란"(경향신문 2월13일자 1면 머리기사 제목)한 일방적인 주장만 늘어놓았습니다. 학교에서 체계적으로 공부를 했지만 삶에서 터득한 것이 거의 없기에, 아니면 최고 권력자의 정신분열적인 결정에 무리한 답을 꿰맞추다보니 그렇게 된 것이 아닌가 싶습니다.

좋은 대안은 감성을 자극하고 마음을 움직이는 간접 경험이 되는 소설 읽기가 아닐까 싶습니다. 아흔이 되어서야 노년과 삶에 관한 『어떻게 늙을까』(뮤진트리)를 펴낸 영국의 전설적인 편집자이자 작가인 다이애너 애실은 "소설은 여러 가지 방식으로 독자를 붙든다. 스릴이나 이국적인 것을 제공해 일상에서 벗어날 수 있게도 해주고, 풀어야 할 수수께끼를 던지기도 하고, 몽상의 소재들을 제공하고, 인생을 돌아보게도 해주고, 자신과는 다른 삶들을 보여주고, 인생을 판타지로 볼 수 있는 대안을 제공하기도 한다. …… 또 최고의 책들은 독자를 완벽히 현실처럼 보이는 세계로 데려가 생생한 경험을 하게 해준다"고 말했습니다.

주제 사마라구의 마지막 장편소설 『카인』은 동생 아벨을 죽여 최초의 살인자가 된 카인이 전지전능한 하나님에게 왜 끊임없이 인간을 시험에 들게 하느냐고 대드는 소설입니다. 이처럼 소설은 하나님의 논리에서마저 허점을 찾아내며 상상력을 무한대로 키워줍니다. 최근 한국 소설은 너무 팔리지 않았습니다. 소설을 읽지 않아 공감 능력을 키우지 않으니 지옥의 축생처럼 서로 나뉘어 싸움만 벌이고 있는 것은 아닐까요?

종이책이라는
플랫폼

책 시장의 세계화를 이끈 아마존닷컴(이하 아마존)이 온라인에서 책을 팔기 시작한 것은 1995년 7월입니다. 이 해에 마이크로소프트가 윈도95를 출시했고, 세계무역기구(WTO)도 출범했습니다. 1995년은 그야말로 정보화와 세계화의 운명적인 해였습니다. 그로부터 20년이 막 지났습니다. 구텐베르크의 인쇄술 발명으로 시작된 종이책의 역사에 비하면 겨우 출발점에 선 것에 불과하지만 지난 20년의 변화는 너무 가팔랐습니다.

20세기 말에 종이책의 종말을 주장하는 사람들이 적지 않았습니다. 그 당시에 종이책이 곧 사라질 것이라고 강하게 주장한 사람들은 디지털 기술로 열풍을 일으켜 일확천금을 노려보려는 정보상업주의자들, 신문과 책에 놓이는 정보가 같다고 보는 언론인들과 신문

방송학과 교수들, 그리고 천방지축 날뛰던 일부 출판인들 등 네 부류였습니다.

종이책은 사라지지 않고 여전히 건재하지만 책 세계의 유통, 생산, 소비 시스템에는 엄청난 혁명이 벌어졌습니다. 그 중심에는 책을 미끼상품으로 활용해서 세계 최강의 종합 인터넷 유통업체로 성장한 아마존이 있습니다. 아마존은 이제 구글, 애플과 함께 세계 경제를 주도하는 플랫폼 기업이 되었습니다.

아마존은 2005년부터 베스트셀러 작가에게 직접 단편을 의뢰해 만든 종이책을 판매하기 시작했지만 성공하지 못했습니다. 그러나 2010년 킨들을 출시한 이후부터는 직접 운영하는 출판사(임프린트)를 차려 종이책과 전자책을 동시에 출시하기 시작했습니다. 이제 아마존은 판매만이 아니라 책의 기획부터 소비까지 출판 전체를 지배하는 세계적인 체제를 다져나가고 있습니다.

제이슨 머코스키가 『무엇으로 읽을 것인가』(흐름출판)에서 지적했듯이 아마존이 생산한 전자책은 "소설, SF소설, 연애소설, 뉴욕타임스 선정 베스트셀러, 포르노물" 등에 불과했습니다. 아동·청소년용 교과서나 교양서는 "의미 있는 방식으로 접근"하지 못했습니다. 이것은 제이슨 머코스키의 지적처럼 "전자책 혁명의 핵심적 모순"입니다. 지금 미국 전자책 시장 매출의 절반은 성행위에 큰 비중을 둔 로맨스소설을 뜻하는 '에로티카'가 차지하고 있습니다.

책의 유통과 생산에 있어 아마존이 주도권을 잡은 것은 맞습니다. 그러나 인간의 책 소비 자체를 완전히 바꾼 것은 아닙니다. 아마존이 2015년에 시애틀에 평점과 사전주문량, 판매량 등을 토대로 엄선한 6,000권의 책을 진열한 오프라인서점 '아마존북스'를 연 이유는 무엇일까요? 이 서점에서 지금의 트렌드를 읽을 수 있다는 장점을 내세웠지만 아마존조차도 전자책마저 독자가 눈으로 직접 책을 확인하고 구매하는 속성을 무시할 수 없었기 때문은 아닐까요? 비슷한 시기에 뉴욕 독립서점의 상징이던 리졸리서점도 다시 문을 열었으며, 세계 최대 출판사인 펭귄랜덤하우스는 오프라인 독립서점의 출점과 독립서점을 통한 독자들의 커뮤니티를 돕고 있습니다. 국내 최대의 온라인서점 예스24도 이제 오프라인서점을 개설하겠다는 의지를 표출하고 있습니다.

지난 20년 동안에 그랬듯 앞으로도 종이책과 전자책 어느 일방의 승리는 절대로 벌어지지 않을 것입니다. 이제 책 세계는 종이책이 중심이되 종이책에 디지털 감성을 입히는 방향으로 진전되고 있습니다.

두 예를 들어보겠습니다. '스마트페이퍼'는 종이가 플랫폼이라는 사실을 확인시켜주고 있습니다. 인간이 노트에 손으로 쓴 글을 스마트폰으로 찍으면 바로 디지털 데이터로 변환되어 자동으로 보관, 검색이 가능해집니다. 이 노트들을 편집해 세계 유일의 종이책으로 만들 수 있습니다. 미디어창비에서 최근 펴낸 인간과 동물(곰)의 아름다운 우정을 감동적으로 그려낸 그림책『위니를 찾아서』는 한국어와 영어를 동시에 들을 수 있는 서비스를 제공하고 있습니다. 이렇게 아날로그 종이책의 장점을 유지하면서 디지털 기술을 활용한 부가가치를 제공하는 책들이 크게 늘어날 것입니다. 실용서와 사전, 오락용 도서들은 구태여 종이책으로 생산되지 않는 세상이 올 수도 있지만 말입니다.

수많은 정보가 컴퓨터 안에 존재한다고 해도 눈에 보이지 않는 것과 말로 설명할 수 없는 것은 의미를 발생시키지 못합니다. 정보화 사회라는 말을 최초로 만들어낸 우메사오 다다오는 정보는 하늘에 떠 있는 별과 같이 인간이 일부러 끄집어내서 의미를 만들어내지 않으면 가치가 발생하지 않는다고 했습니다. 이것은 상식이자 본질입니다. 검색으로 간단하게 정답을 찾아내는 것이 아니라 책장을 손으로 넘기며 찾아가는 감동의 중요성이 더욱 커지고 있습니다. 따라서 이제 한 권의 종이책을 플랫폼으로 활용한 새로운 상품들이 줄줄이 등장해 인간의 독서행위를 돕게 될 것입니다.

최근 한국출판문화산업진흥원장으로 취임한 이기성 원장은 1차 목표로 '향후 10년을 내다 본 전자출판의 인프라 마련'을 제시했습니다. 2000년대 내내 전자책 산업을 키운다며 밑 빠진 항아리에 물을 붓듯 직접 지원비를 쏟아부었지만 한국의 전자책 업체들은 거의 망했습니다. 전자책 관련 학자들이나 단체, 업체는 한마디로 '세금 약탈자'에 불과했습니다. 그 약탈자들과 함께했던 신임 원장이 다시 그들에게 멍석을 깔아주고 있는 형상이지요.

지금 출판사들은 종이책과 전자책을 구분하지 않고 종이책과 다양한 미디어를 연계하는 '원 소스 멀티 포맷' 전략을 세우기 시작했습니다. 부디 신임 원장도 새로운 출판 미래를 준비하는 출판사들을 지원하는 제대로 된 인프라를 마련해주시길 바랍니다.

'노후파산'을 이겨내는
최선의 방법

홀로 사는 80대의 어머니에게 구조조정으로 일자리를 잃은 50대의 아들이 찾아왔습니다. 농촌의 오래된 집이어서 방은 충분했습니다. 처음에 어머니는 아들의 귀향을 무척 반겼습니다. 그러나 곧 위기가 찾아왔습니다. 어머니의 알량한 연금으로 생활하다보니 적자가 계속되었고, 얼마 되지 않는 연금은 곧 바닥을 드러냈습니다. 반년이 지나 아들이 뇌경색으로 쓰러졌습니다. 주변의 도움으로 아들의 병원비는 겨우 해결했지만 퇴원한 아들은 후유증으로 재취업이 어려워집에만 틀어박혀 나오지 않게 되었습니다.

『노후파산』(NHK 스페셜 제작팀, 다산북스)에 나오는 이야기입니다. 고령인구가 3,000만 명을 돌파해 초고령사회가 된 일본에서는 600만 명의 고령자가 혼자 살고 있습니다. 그중 절반인 300만 명이 생활보호수급 이하의 연금수입자인 일본에서 생활보호수급을 받을 수 있는 사람은 70만 명에 불과합니다. 200만 명 이상이 목구멍에 풀칠하며 겨우 목숨을 부지하고 있습니다. 알량한 연금은 계속 줄어들고, 의료·간병비의 부담이 늘어가는 상황에서 저금도 없이 살아가는 고령자들은 파산 직전에 몰려 있습니다.

이런 노인들에게 직장을 잃은 자식이 찾아와 부모와 자식이 동반 추락하는 사례가 비일비재하게 발생하고 있습니다. 상황이 이러니 돈이 있는 사람도 불안감에 빠져 평생 저축을 끌어안고 살다가 죽는 경우가 많습니다. 재산을 상속하는 사람들의 평균연령이 67세니 상속받은 이는 다시 그 돈을 끌어안고 살다가 죽는 일이 반복됩니다. 그러니 소비시장은 얼어붙고 사회는 활력을 잃어 갑니다.

우리는 어떨까요? 고령화가 급격하게 진행되어 2060년이면 60세 이상 인구가 위쪽에 몰려 있는 '역피라미드'형이 될 것으로 예측됩니다. 2016년 3월23일 통계청이 발표한 '한국의 사회지표' 보고서에 따르면 한국의 '중위연령'(전체 인구를 나이에 따라 한 줄로 세웠을 때 중간에 있는 사람의 연령)은 2014년에 40.2세로 처음으로 40세를 넘어섰지만 2040년이면 52.6세, 2060년이면 57.9세가 됩니다. 15~64세의 생산가능인구 100명이 부양해야 할 65세 이상 인구는 2015년에 17.9명이었지만 2040년 57.2명, 2060년 80.6명으로 급속히 불어납니다. 2015년에 생산가능인구 5.6명이 노인 1명을 부양했다면 2060년에는 생산가능인구 1.2명이 노인 1명을 부양해야 합니다. 이미 노인 빈곤율이 절반에 육박하는 우리나라에서도 100만 명의 독거노인 중 하루 한 끼의 식사로 살아가는 노인이 30만 명이나 됩니다. 경제적인 어려움과 건강문제로 노인 10명 중 1명은 자살을 생각한 적이 있다고 합니다.

얼마 전 '알파고'와 이세돌의 대결로 전 세계적으로 인공지능에 대한 관심이 크게 높아졌는데, 이것은 단순히 이야깃거리에 그치지 않습니다. 과학 기술의 발달은 중산층의 일자리를 급속하게 빼앗고 있습니다. 인공지능까지는 아닐지라도 돈벌이가 되는 고난도의 일들이 소프트웨어로 대체되고 있어 지식노동자들의 불안감이 점차 심각해지고 있습니다. 2014년 국립중앙도서관에서 오전 10시부터 두 시간 동안 진행된 한 인문학자의 '엄마가 세상을 바꾼다'는 강연을 들은 이들의 약 80%가 중장년의 남성이었다고 합니다. 그들 중에는 의사, 교수, 변호사 등 안정된 직업에 종사하는 이들이 꽤 있었다고 합니다. 이 사례는 우리 사회를 이끌어 가는 이들마저 심각한 위기감 속에서 헤쳐나갈 방안을 찾고 있다는 것을 알려줍니다.

문화체육관광부가 발표한 보고서 '2015 해외 주요국의 독서실태 및 독서문화진흥정책 사례 연구'(책임연구자 김은하)에 따르면 우리나라 16~24세의 독서율은 87.4%(OECD 평균 78.1%)로 조사국 중 가장 높습니다. 하지만 25~34세는 85.1%(OECD 평균 77.7%), 35~44세는 81.4%(OECD 평균 77.7%), 45~54세는 68.8%(OECD 평균 75.8%), 55~65세는 51%(OECD 평균 73.9%)로 연령이 높아지면서 독서율이 점점 하락합니다. 특히 45세 이상은 급감해 55~65세의 독서율이 조사국 중 꼴찌여서 우리나라 전체 독서율 평균을 떨어뜨리고 있습니다. 이 보고서는 "중·노년층의 비독자에 대한 정책적 노력이 시급"하다고 충고하고 있습니다. "독서와 도서관 문화에 익숙한 선진국의 중·노년층과 달리, 우리나라의 45세 이상 중·노년 세대는 학교 수업에서 교과서 외 도서를 수업 교재로 사용한 적이 없고, 어린 시절 도서관의 경험도 부족"하다고 말합니다. 따라서 이들에게 "은퇴 이후의 독서가 주는 지적·정서적·실용적 유용성을 설득할 필요"가 있다는 것이지요.

기술의 발달이 인간의 미래를 어떻게 바꾸어 놓을지 예측할 수 없습니다. 미래학자들은 앞으로 인간이 120세까지 살면서 29~40종의 직업을 전전할 것이라고 예측하지요. 이제 우리는 어떤 자리에서도 살아남을 수 있는 역량을 갖추어야 합니다. 그리고 가장 효과적인 방법이 '독서'라고 생각합니다. 읽고, 쓰고, 토론하는 일이야말로 인간이 진정한 생존법을 터득하는 길이겠지요.

문화부는 올해 중장년층의 독서율을 끌어올리려는 여러 정책을 세우기 시작했습니다. 전자책의 등장 이후 종이책 종말론은 끊이지 않지만 여전히 종이책이 건재한 것처럼 기술이 발달해도 인간은 인공지능이 할 수 없는 일들을 계속 찾아낼 것입니다. 일본에서 벌어지고 있는 '노후파산'이라는 비극을 답습하지 않기 위해서라도 지금부터 책 읽는 습관을 길러 무기로 삼아야 할 것입니다.

인공지능의 발달과
딥러닝의 시작

"추수감사절에 미국 사람들은 칠면조 요리를 먹습니다. 추수감사절 하루 전날, 칠면조들은 무슨 생각을 했을까요? 지난 1년 동안 칠면조들은 행복했습니다. 농부가 아침 6시면 먹이를 줬어요. 아무리 똑똑한 칠면조라도 그 농부는 좋은 사람이라고 생각했을 거예요. 추수감사절 아침, 자신의 인생이 급격하게 바뀔 것이라고 예상하긴 어려워요. 1년 내내 똑같은 일이 반복됐기 때문이죠. 하지만 추수감사절 아침 칠면조의 인생은 급격한 변화를 겪습니다. 상상하지 못했던 일이 벌어지죠. 이것이 특이점입니다."

인공지능에 대해 다룬 『김대식의 인간 VS 기계』(동아시아)에 나오는 이야기입니다. 레이 커즈와일은 『특이점이 온다』(김영사)에서

2045년에 인공지능이 인간의 지능을 뛰어넘는 특이점에 도달할 것이라고 예측했지만 지금은 빠르면 10년 이내일 것으로 예측됩니다. 우리가 일상을 즐기던 칠면조처럼 "지금까지 일어나지 않았으니 앞으로도 일어나지 않을 일"이라고 착각하다가는 칠면조처럼 한순간에 목숨을 잃게 될 수 있다는 말입니다.

김대식 교수는 인공지능 시스템이 도입됐을 때 가장 위험한 직업으로 콜센터 직원들을 꼽습니다. 지금 미국의 대기업들은 애프터서비스를 접수하는 콜센터를 인건비가 싼 인도나 필리핀에 두고 수십만 명을 고용하고 있습니다. 그러나 영화 〈그녀〉에서 인공지능이 8,316명과 동시에 마음을 나누고, 그중 641명과 사랑의 감정을 느끼는 것처럼, "기계가 동시에 수백만 명과 영어로 대화할 수 있다면 수십만 명의 일자리는 하루아침에 없어져" 단 한 명도 살아남지 못합니다.

김 교수는 "우리가 보통 이야기하는 화이트칼라족, 데이터를 가지고 일을 하는 직업들이 위기를 맞게 될 것"이라고 예측합니다. 하지만 수많은 직업이 위기를 맞더라도 세 카테고리의 직업은 사라지지 않을 것이라고 합니다.

"첫째, 사회의 중요한 판단을 하는 직업들인 판사, CEO 등은 자동화할 수 없어서가 아니라 사회에서 절대 허락하지 않기 때문이겠죠. 둘째, 인간의 심리, 감성하고 연결된 직업들은 살아남을 것입니다. 약한 인공지능은 인간을 이해하지 못할 거라고 상상하기 때문이죠. 셋째, 가장 큰 카테고리는 새로운 가치를 창출하는 직업입니다."

딥러닝을 기반으로 만든 것이 인공지능입니다. 그런데 딥러닝의 기반은 데이터입니다. 그러니 "인간이 살아남을 수 있는 유일한 방법은 데이터가 없는, 존재하지 않는 새로운 데이터를 만들어내는 방법밖에 없다"는 것입니다. 지금 방영되고 있는 뻔한 드라마는 딥러닝 기계가 1분에 1,000편을 쓸 수 있기에 한 번도 볼 수 없었던 전혀 새로운 스토리를 쓸 수 없는 방송작가는 살아남을 수 없다는 이야기입니다.

저자는 이런 일이 "20~30년 후에는 벌어질 수도 있는 일"이라고 말합니다. 그러나 이미 우리가 겪고 있는 현실이 아닐까요? 지난 3월 9일 이세돌과 알파고가 첫 대결을 벌이고, 총 다섯 판의 바둑을 둔 이후 우리는 인공지능에 대해 크나큰 두려움을 갖게 됐습니다. 그 어떤 나라보다 큰 경각심을 갖게 되었다는 점에서는 이런 이벤트가 한국에서 벌어진 것이 어쩌면 천만다행이지 싶습니다.

여러분 주변을 둘러봅시다. 이미 모든 분야에 '알파고'가 속속 도입되고 있습니다. 과거에는 건축설계사가 설계도면을 그리려면 평면도, 단면도, 입면도를 따로 그려야 했습니다. 그래서 적어도 네댓 명으로 구성된 팀이 필요했습니다. 그러나 BIM(Building Information Modeling) 시스템의 도입으로 3D 상태의 도면이 만들어지게 되자 이런 일은 창의력 있는 한 사람이 혼자서 해낼 수 있습니다.

이처럼 돈벌이가 되던 고난도의 일이 빠르게 소프트웨어로 대체되고 있습니다. 지금 '알파고'는 잘나가던 중산층의 일자리부터 빼앗아가고 있습니다. 이런 흐름을 가장 잘 아는 이들이 누굴까요? 바로 강남의 1% 부자들입니다. 강남부자들은 이미 아이들의 조기유학과 명문대학 진학도 포기하고 인공지능 시대에 살아남을 수 있는 지식을 터득하는 사교육을 남들보다 앞서서 시작하고 있습니다.

김 교수는 진짜 걱정해야 될 세대는 기계가 못하는 것을 할 줄 알아야 하는 지금의 10대라고 주장합니다. 10대들은 "언제든지 상황을 냉철하게 분석하고 세상을 정확하게 파악해서 무엇이 필요하다고 최대한 빨리 결론을 내서 거기에 빠르게 적응할 수 있는 능력"을 키워야 한다고 말합니다. 그것이 바로 '창의성'입니다. 김 교수는 "약한 인공지능, 인지자동화가 실천되는 순간 창의성이 선택이 아니라 필수가 되어버립니다. 창의적이지 않으면 살아남을 수 없어요. 여기서 창의적이란 새로운 가치, 즉 존재하지 않는 데이터를 만들어낼 수 있는 능력, 혹은 처한 상황과 세상을 냉철하게 분석할 수 있는 능력, 또는 분석해서 얻어낸 결론을 내가 실천할 수 있는 도전정신과 같은 것"이라는 설명을 덧붙였습니다.

얼마 전 치른 20대 국회의원 선거에서 보수적인 중산층이 살던 지역에서 의외의 결과가 나왔습니다. 여당의 콘크리트 지지층이라 불리는 강남에서도 야당이 승리해 큰 화제가 되었지요. 물론 원인은 여러 가지가 있겠지만 시대착오적인 노동법이나 사이버테러방지법 등에 집착하고 있는 정부와 새누리당에 기대할 바가 없어서는 아닐까요? 일부에 그치고 있지만 '딥러닝'을 시작할 정도로 미래의 대처가 빠른 이들이 밥그릇 싸움에만 혈안이 된 정치인들에게 지쳐 그들에게 경각심을 안겨 주려 한 것은 아닐까요? 선거 결과는 '여당의 참패'로 끝났습니다. 이제는 현실을 직시하고 국민을 불안에서 해방시킬 수 있는 대책들이 필요한 시점입니다. 그 누구보다 정치인들에게 '창의성'이 시급해 보입니다.

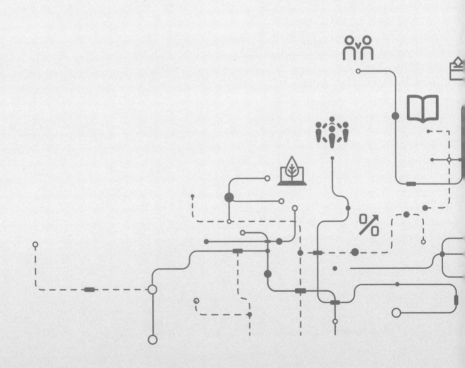

3부

창의적인 인간의 삶

1

마이크로콘텐츠 시대

새로운 독자층의
탄생

15세기 파리대학 신학부의 독실한 학생들은 『성서』, 페트루스 롬바르두스의 『명제논집』과 그 주석, 토마스 아퀴나스의 『신학대전』과 주석 등 10권 내외의 서적만 열렬히 읽었습니다. 이런 사실은 당시 소르본 대학의 도서대출부에서 드러났습니다. 같은 시기 조선의 사대부들은 어떤 책을 읽었을까요. 주로 '사서오경'뿐이었습니다. 극히 일부의 지적 욕망이 강한 사람들은 『사기』, 『한서』, 『좌씨춘추』, 『자치통감』 등의 책을 애써 찾아서 읽었지만 대부분의 교양층은 과거시험의 발제가 '사서오경'만 읽어도 해결되었기에 10권 미만의 책만 마르고 닳도록 읽으면 그만이었습니다.

독자, 어떻게 변화했는가

유통되는 텍스트의 종류와 양에 변화가 나타난 것은 '리딩 퍼블릭', 즉 책을 마땅히 읽어야 하는 교양독자층 이외의 새로운 독자층이 등장하면서부터였습니다. 프랑스에서는 여성이 책을 읽기 시작한 1820년대부터 그 변화가 나타났습니다.

"19세기의 새 여성독자들은 더 세속적인 취미가 있었는데, 새로운 형태의 문학은 그녀들의 소비를 목적으로 설계되었다. 이 새 독자시장을 겨냥한 것으로는 요리책, 잡지, 특히 저렴한 대중소설을 들 수 있다. 요리책 중에 『부르주아 여성 요리사』가 19세기 초 프랑스에서 명예로운 지위를 차지한다. 이 책(또는 『새 부르주아 여성 요리사』)은 가장 성공한 시기인 1815년부터 1840년까지 32쇄를 중쇄하며 전체 약 10만 부를 헤아린다. 왕정복고기의 베스트셀러였다. …… 19세기 유럽에서 초등교육 보급은 또 하나의 중요한 독자층의 신장을 촉진했다. 어린이들이다. …… 아무튼 초등교육 발전이 독서와 출판에 중대한 영향을 미쳤다. 교양 있는 가정의 교육열에 부응하기 위해 어린이 잡지와 어린이 문학이 꽃을 피웠다. 교과서와 참고서 수요가 출판시장에 중요한 위치를 차지하였으며, 아셰트 같은 출판사의 발전에 기여했다."(『읽는다는 것의 역사』)

19세기의 새 독자층에는 "도처에서 대출도서관 고객수를 증가시킨 중하층계급, 즉 사회적 지위 향상을 바라는 소시민, 장인, 샐러리맨" 등 노동자계급도 있었습니다. 여성, 어린이, 노동자 등은 최근까지도 출판시장의 주류층을 형성했습니다. 노동자를 직장인으로 바꾸면 이들이 지금도 출판시장에서 주요 독자인 것은 여전하지만 이들이 책을 찾는 이유는 달라지기 시작했습니다.

독자층은 사회 변화에 민감합니다. 특히 하드웨어의 변화에도 민감하지요. 예를 들어볼까요. 일본에서는 메이지 30년대(1897~1906)에 '철도'라는 하드웨어가 등장하자 일본의 출판업자들이 이 시스템을 활용해 책 읽는 독자층을 만들려고 분투했습니다.『독서국민의 탄생』(나가미네 시게토시, 푸른역사)에는 이때의 모습이 잘 그려져 있습니다. 철도망의 확대로 철도 여행자가 1억 명 이상 급격히 늘어났습니다. 전국으로 퍼져나가는 철도망을 활용해 신문, 잡지, 책 등의 활자 미디어가 전국으로 흐를 수 있는 유통망을 만들고, 늘어나는 여행객을 독자로 만들기 위한 새로운 전략을 짜고, 도서관 등 책을 읽을 수 있는 근본적인 장치를 전국에 보급했습니다. 도쿄와 오사카 같은 대도시에서 발행되는 전국 단위의 신문이 철도를 이용해 지방의 국민을 독자로 만들기 위한 자본주의적 경쟁을 벌이면서 유통망이 형성되자, 그렇게 만들어놓은 유통망에 잡지와 책을 동반 탑승해 규모를 키워가면서 '국민독자'층을 두텁게 형성해갔습니다.

장거리 여행으로 인한 무료함을 달래기 위해서 이야기를 나누거나 잠을 잘 수도 있었지만 기차 여행객이 시간을 보내는 방법으로 책을 읽는 것만큼 좋은 것이 없었습니다. 그래서 탄생한 것이 '차내 독자'입니다. 이들을 위해 신문, 잡지(특히 만화잡지), 여행안내서 등 차내에서 읽을거리를 만들어내는 일이 중요했습니다. 신문과 여행은 공통적으로 '하루'라는 사건이나 체험 단위로 편성된 비슷한 구조를 갖고 있어 신문은 근대와 함께 출현한 철도 여행이라는 동적인 이동 공간에 아주 적합한 미디어였습니다.

신문에 이어 차내 독서의 한 축을 형성한 것은 잡지입니다. 특히 만화잡지 시장을 개척한 〈골계(滑稽)신문〉은 판매원으로 하여금 "도시락, 우유, 골계신문!" 하고 외치게 해 큰 성공을 거뒀습니다. 이어서 기행문이나 여행안내서 혹은 문고본 형식의 책이 차내 독서 시장을 키워갔습니다.

2015년은 윈도우95가 출현한 지 20년이 되는 해입니다. 디지털 텍스트의 양은 하루가 다르게 폭증하고 있습니다. 새로운 형태의 소셜미디어가 끊임없이 등장하면서 오로지 읽히기만을 기다리는 엄청난 양의 텍스트들이 나날이 생산되어 무료로 제공되고 있습니다. 독자의 입장에서는 읽을거리가 넘쳐나고 있습니다. 이때 주목되는 것은 "텍스트 유통성의 비약적인 증대와 텍스트의 전문 검색성"입니다. 달리 말하면 여러 형태로 생산되는, 도저히 규모조차 헤아리기 어려울 정도의 텍스트가 생산되어 무료의 형태로 제공되고 독자는 검색을 통해 그런 텍스트에 접근해 소비합니다.

대중이 읽는 포털사이트의 텍스트들

대중은 포털사이트에서 검색으로 텍스트를 읽습니다. 구글은 애초에 '구텐베르크 프로젝트'를 실현하기 위해 만들어진 회사였습니다. 이 사이트는 저작권이 소멸된 사후 50년이 지난 저작의 풀 텍스트를 무료로 서비스합니다. 아마존이 꿈꾸는 것은 '한 권의 책'입니다. 인류가 생산한 모든 책을 하나로 연결한 이 책은 본문과 주석과 비평과 댓글마저도 연결됩니다. 게다가 다른 모든 문화와도 연결됩니다. 이 책은 이미지와 비디오와 오디오와 게임과 소셜네트워크 대화를 모두 포함합니다. 독자는 거대하고 방대한 이 책에 자유롭게 접근할 수 있습니다. 누구나 전기와 물과 가스처럼 자유롭게 이용하면서 사용한 만큼 사용료를 내면 됩니다. 이른바 '유틸리티 모델'입니다.

블로그, 페이스북, 트위터, 카카오톡, 밴드 등 소셜미디어 플랫폼은 나날이 진화하고 있습니다. 동영상 기반의 유튜브(15분), 인스타그램(15초), 바인(6초) 등의 새로운 플랫폼도 속속 등장하고 있습니다. 텍스트의 양이나 영상의 지속시간에 따라 이야기의 폭과 깊이가 달라지기는 하겠지만, 포맷에 맞는 새로운 콘텐츠가 진화된 형태로 생산되고 있습니다. 140자의 짧은 글이나 6초의 영상으로도 압축적으로 메시지를 전달하는 능력이 중시되고 있습니다.

더욱 진화하고 있는 건 팟캐스트입니다. 지금은 말과 글이 공존하니 '말글'시대라고 해야 옳을 것입니다. 블로그에 올린 글을 모아 '블룩'을 만들었지만 이제 팟캐스트의 음성을 텍스트로 바꾸어 책을 만듭니다. 바로 '팟북'입니다. 말을 글로 옮기려면 편집자의 역할이 필요하지만, 앞으로 말 그 자체가 곧바로 글로 변환되는 기술은 진화할 것입니다. 말을 그대로 옮겨놓으면 글이 되는 '스피커 라이터'의 인기는 벌써 시작됐습니다. 따라서 되도록 짧은 시간에 하고 싶은 말을 모두 쏟아놓는 기술이 필요할 것입니다. 수사학의 인기 또한 점증할 것입니다.

대중은 정액제 콘텐츠 플랫폼도 이용합니다. 일본의 웹사이트 '케이크(cakes)'는 업무론부터 연애 칼럼까지 뉴스 사이트 기사처럼 콘텐츠가 갱신됩니다. 연재글은 첫 회부터 자유자재로 읽을 수 있습니다. 검색을 통해 원하는 단위로 자유롭게 이용할 수 있는 이런 유형의 인터페이스는 크게 늘어날 것입니다.

대중은 마이크로 콘텐츠를 통해서도 텍스트를 읽습니다. 아마존이 2013년에 설립한 단편문학 전문 임프린트인 '스토리프론트(StoryFront)'는 킨들 전용 디지털 주간 문예지인 〈데이 원(Day One)〉을 창간했습니다. 이 잡지는 매호당 단편소설 한 편과 시 한 수만을 수록했습니다. 2014년 1월에는 배수아의 단편 「푸른 사과가 있는 국도」가 수록된 잡지도 나왔습니다. 아마존은 나중에 수록작품을 모아 엄선한 책을 펴내기도 합니다.

전자우편을 통해 받아보는 유료 메일 매거진도 있습니다. 메일진(Mailzine) 혹은 이맥(E-Mag)이라고도 하는 이것은 특정 분야에 관심을 가지고 있는 사용자들이 전자우편을 통해 정보를 주고받는 메일링리스트 개념이 확장된 형태입니다. 온라인잡지, 웹진에 이어 등장한 신개념 잡지로 발행자는 자신이 알리고자 하는 정보를 간단히 수많은 사용자에게 전달할 수 있습니다. 홈페이지와 같은 양식으로 다양한 기사를 제공하며 사진, 기타 첨부파일 등도 받을 수 있습니다. 처음에는 무료였으나 차츰 유료가 늘어날 것입니다.

토킹(Talking) 퍼블리셔의 생산물도 들 수 있습니다. '트위터로 하는 온라인 생방송'인 유스트림은 스마트폰이나 컴퓨터에 내장된 카메라로 현장을 실시간으로 중계할 수 있다는 이점 때문에 차세대 미디어로 각광받고 있습니다. 140자 미만의 단문 메시지로 실시간 소통할 수 있는 것이 트위터라면, 동영상을 보면서 트위터로 실시간 대화할 수 있는 유스트림은 트위터가 한 단계 업그레이드된 것입니다. mp4는 단순히 노래를 듣는 mp3에서 진화해 텍스트, 동영상, 노래, 라디오 등을 한꺼번에 활용할 수 있습니다.

직접 콘텐츠를 생산하고 소비하다

우리는 앞에서 말한 유형을 이른바 CPND, 즉 C(콘텐츠), P(플랫폼), N(네트워크), D(디바이스)로 연결된 구조에서 일상적으로 이용합니다. 아마존이나 구글 같은 플랫폼에서 디바이스를 이용해 직접 콘텐츠(글과 영상)를 생산해 올리기도 하고 소비하기도 합니다. 네트워크의 조직원들은 즉각 자신의 생각을 피드백합니다.

2014년 6월에 10주년을 맞이한 네이버 웹툰은 하루 이용자가

620만 명이나 된다고 자랑했습니다. 당시 네이버 웹툰은 365명의 작가가 520편의 작품을 연재하는 동안에 아마추어 작가를 14만 명이나 배출했다는 보도자료를 내놓기도 했는데, 네이버 웹툰에 올랐던 작품들은 다시 책, 영상, 게임 형태의 2차 저작물로 만들어져 작가들의 명성을 키우고 있습니다. 이제 수십 명에서 수백 명의 작가들이 활동하는 군소 웹툰이나 만화 플랫폼도 점차 늘어나고 있습니다.

순문학의 죽음,
주류로 올라선 서브컬처

소설 시장의 쇠락, 웹툰의 시대가 오다

20세기가 저물 무렵까지 한국 소설은 독자들로부터 많은 사랑을 받았습니다. 3천만 명의 인구 중에 300만 명이 희생된 한국전쟁의 참혹함과 장기간의 군사독재 정권의 인권 유린은 소설적 상상력 이상이었습니다. 그래서 작가들은 자신이 겪은 사실을 글에서 잘 녹여내기만 하면 명작을 만들어낼 수 있었습니다. 우리 소설의 위대함은 이와 같은 핍진한 현실에서 비롯된 것이라 할 수 있습니다.

2010년대도 절반이 지난 지금 한국 소설 시장의 가장 큰 센세이션은 한국 소설이 독자들로부터 급격한 외면을 받기 시작했다는 사실일 것입니다. 최근 들어 베스트셀러 목록에서 한국 소설은 거의 찾아보기 어렵습니다. 특히 이른바 순(본격)문학 작품은 목록에서 완전히 사라지다시피 하고 있습니다. 2014년 한국 소설 중 가장 많이 팔린 소설은 5만 부를 겨우 넘긴 성석제의 『투명인간』이었습니다. '글로벌 금융위기' 직후인 2008년 11월에 출간된 신경숙의 『엄마를 부탁해』가 불과 9개월 만에 밀리언셀러로 등극한 이후 한국 소설의 밀리언셀러는 더 이상 등장하지 않고 있습니다. 아니 10만 부를 넘는 소설마저 찾아보기 어려운 현실이다.

2015년에 접어들어서는 상황이 더욱 악화되고 있습니다. 6월 중순 이후 두 달 동안 언론지면과 소셜 공간을 뜨겁게 달궜던 신경숙 소설 표절논란이 한국 소설을 회복 불능의 상황으로 몰아넣은 것 같은 느낌마저 듭니다. 신인 저자를 꾸준히 배출하며 문학시장의 규모를 가장 앞장서서 키웠던 민음사는 계간 '세계의 문학'의 휴간을 결정했습니다.

이제 문학권력 논쟁의 중심에 섰던 창비, 문학동네, 문학과지성사를 제외하고는 우리 소설을 꾸준히 펴내는 출판사는 손으로 꼽을 정도입니다. 초판 3천 부를 넘기기가 어려운 현실이니 그럴 만도 할 것입니다. 이런 현실에서 작가들이 소설만 써서는 먹고살 수가 없습니다.

소설시장이 왜 이렇게 쇠락했을까? 과거의 문학소녀(소년)들이 모바일 기기로 대부분의 정보를 소비하기 시작한 것이 가장 큰 이유일 것입니다. 그들이 가장 선호하는 장르가 '웹툰'입니다. 웹툰을 그리는 작가가 2천 명이나 되고, 매일 1천만 명이 웹툰을 즐기는 세상이 되었습니다. 그러니 "2018년 국내 만화산업 매출 1조 원 시대"라는 예상마저 나옵니다.

소비 환경이 달라진 시대의 창작

만화평론가 박석환은 「왜 사람들은 웹툰에 열광하는가」(〈기획회의〉 397호. 2015. 8. 5)에서 "초기 웹툰의 무대를 연 것은 훈련된 작가나 성숙한 독자가 아니라, 무명의 생산자였고 목적성이 명확하지 않은 소비자였다. 기존 만화계가 '종이출판'이라는 제한적 무대를 기반으로 운영됐다면 이들은 제한 없는 무대, '종이 없는 만화 출판'이라는 새로운 전통을 만들어냈다"고 지적했습니다.

> "종이라는 권위에서 벗어난 만화는 그 자체로 탈권위적이었다. 상품으로서의 정형성과 완결성이 아닌 자유로운 창작의지에 따른 내용과 최소한의 형식이 갖춰져 있을 뿐이었다. 특정한 목적성을 지니지 않은 이른바 '지나가는 손님'들이 작품에 대해 공감하고 소통하기 시작했다. 소비자들 역시 2차 생산자 또는 유포자가 되어 만화를 공유했다. 이 과정에서 자연스럽게 팬덤이 형성됐다. 만화적 형식을 취한 커뮤니케이션 방식과 팬덤이 형성되는 과정을 지켜본 포털사이트는 이를 핵심 서비스 아이템으로 선정해 창작자와 소비자를 매개하기 시작했다. 장을 마련한 것이다. 그로부터 웹을 기반으로 한 만화 '웹툰'이 탄생했다. 포털사이트는 소수의 창작자 그룹과 다수의 사용자 그룹을 매개했고 창

작자 그룹의 활동 촉진을 위한 정책을 마련했다. 그리고 창작자 그룹의 이익을 증진시켜주는 방식으로 소비자 그룹의 참여를 확대시켰다. 그러면서 자신들의 이익 역시 강화해 갔다. 이른바 기업 광고 노출 수익을 기반으로 한 포털사이트 '무료 웹툰 서비스 플랫폼 모델'이 완성된 것이다."

박석환은 웹툰이 사라졌던 만화의 중심 소비층을 다시 불러들이고 만화 소비 단절층이라고 할 수 있는 30~40대까지 다시 만화 소비자로 만든 요인으로 훈련되지 않은 신인작가의 등용으로 인한 '내용과 형식의 다양성', 작가의 명성이나 편집자의 권위에 의해 작품을 선택하지 않고 철저히 소비자의 선택에 따라 작품을 선택하고 편성한 '사용자 지향성', '무료 가격 정책' 등을 꼽았습니다.

창작자이자 편집자(기획자)이자 문화평론가인 오쓰카 에이지는 순문학계의 '작가 = 창조자' 등식을 단호히 거부합니다. 그는 누구나 배워서 창작을 통해 가능성을 열어갈 여지가 많다고 말합니다. 그는 이미 오래전부터 점차 축소되어 아사 상태에 이른 일본의 순문학이 라이트노벨을 포함하는 등 서브컬처에 얹혀 생명을 연장하는 상황이라는 주장을 해왔습니다. 『캐릭터 메이커』 등의 창작론을 다룬 책에서 "어떤 폭력이나 사건으로 '자아실현'을 하기보다는 '이야기(스토리)를 만드는 것"을 해결책으로 제시한 그는 소수에게만 의미 있는 작품이 과연 사회적으로도 중요한 의미를 지닐 수 있는지 꾸준히 의문을 제기했습니다.

　이미 네이버에서 로맨스 소설을 써서 한 달에 1천만 원 이상의 원고료를 챙기는 사람이 수십 명이라는 소식이 들립니다. 만화전문 채널 '레진코믹스'에서 작품을 연재해 매달 1천만 원 이상을 받아가는 작가가 30~40명이고, 매달 5천만 원 이상을 받아가는 작가도 있다는 보도가 있었습니다. 플랫폼과 모바일이 문화의 생산과 소비를 주도하는 지금, 순문학이 존재감을 점차 잃어가는 사이에 이야기성이 강한 서브컬처가 주류문화로 올라서고 있습니다. 누구나 글을 쓰는(그리고 써야 하는) 시대이다 보니 '글쓰기'와 '읽기'에 대한 책이 폭발적으로 늘어나고 있습니다. 이제 문학이 '문장의 힘'과 '현실에 대한 진지한 고민'을 잘 품어야겠지만 그 이전에 누구나 공감할 수 있는 이야기부터 만들어내야 하지 않을까요?

2
영상시대의 글쓰기

읽기의 범람 시대
글쓰기의 힘

디지털 기술 혁명이 바꾼 글쓰기

2005년 5월 『글쓰기의 힘』이란 책을 기획해서 펴냈습니다. 저는 그 책에 "디지털 시대의 생존 전략"이란 부제를 달았습니다. 이 책의 헤드카피는 "성공하고 싶다면 글을 쓰라!"였습니다. 광고 카피를 보면 제가 글쓰기를 '생존 전략'이라고까지 내세운 결기가 드러납니다.

> "글쓰기는 디지털 시대에 꼭 필요한 문화유전자이자 생존전략이다. 우리 시대가 필요로 하는 글쓰기의 가치와 글쓰기 노하우를 실전적으로 살핀다. 누구나 글을 쓸 수 있고, 누구나 글쓰기를 하고 있는 지금, 글쓰기를 통해 대중과 소통하고 싶은 전문가나 자기계발을 도모하고자 하는 사람 등에게 유익한 책이다."

이 책의 초판 서문 "글쓰기는 살아남고 이겨내고 행복해지는 일이다"는 당시 함께 일하던 후배 평론가 한미화가 썼는데 내용을 살펴보겠습니다.

"인터넷상에서 한때 동호회, 동창회 등을 중심으로 한 집단 커뮤니티 활동이 활발했다. 그러더니 2004년부터 싸이월드가 일으킨 미니홈피와 네이버의 블로그가 유행하였고, 급기야 1인 미디어의 열풍이 거세졌다. 홈피나 블로그 서비스 등을 이용해 자신만의 공간을 만들고 자신을 드러내는 사적 글쓰기가 일상화되었다. …… 그뿐인가. 인터넷에서 글을 쓰다가 스타 필자가 된 사람들이 여럿이다. 정치 사이트의 논객들, 인터넷서점의 독자 리뷰어, 블로그에 글을 쓰다가 전문가로 나선 경우 등 자신의 생각이나 철학을 글로 표현하여 스타 필자로 떠오른 예는 많다. '노하우'가 아니라 '노웨어'의 시대라더니, 지식의 보편화를 바탕으로 대중 필자의 시대가 도래한 듯 보인다. 다소 역설적이지만, 인터넷이 일반화된 이후 우리 사회에는 문해력은 날로 빈약해지면서도 글쓰기는 더욱 요구되는 현상이 나타났다."

『글쓰기의 힘』이 출간된 지 10년이 지났습니다. 지금은 어떤가요? 지금 개인은 무엇이든 써야만 하는 상황에 놓여 있습니다. 메일이든 휴대전화 문자메시지든, 카톡이든 무언가를 쓰고 있습니다. 블로그나 페이스북이 일상인 사람도 적지 않습니다. 기업에서 일하는 사람이나 전문직 종사자는 더 정교한 글을 써야만 합니다. 하지만 이건 이제 시작일 뿐입니다.

빅데이터 전문가인 송길영은 『상상하지 말라』(북스톤)에서 이런 이야기를 털어놓습니다.

> "눈에 넣어도 아프지 않을 것 같은 딸이 사춘기를 지나고 있다. 우스갯소리로 북한도 무서워한다는 중2 때에는 말 한 마디 건네는 것도 조심스러웠다. …… 딸은 학원이 끝나면 돌아와서 대충 저녁을 먹고는 곧바로 컴퓨터 앞에 앉는다. 한손으로는 컴퓨터를 켜고 다른 한손으로는 아이패드에 있는 카카오톡을 연결한다. 컴퓨터에는 몇 개의 앱이 떠 있다. 하루는 밤늦게까지 공부하고 왔으니 피곤할 것 같아서 '좀 쉬지 그러니?'라고 조심스럽게 물었더니 엉뚱하게도 '이게 쉬는 거야'라는 여섯 글자짜리 대답이 돌아왔다."

송길영은 "여러 개의 화면을 보면서 수많은 친구들과 바쁘게 연락하고, 정신없이 정보를 보고 듣는 것이 '쉬는 것'"이라는 딸의 대답을 이해할 수 없었다고 말합니다. 하지만 지금 스마트폰 세대는 이게 일상입니다. 그들은 카톡뿐만 아니라 다양한 소셜미디어에 정신없이 글을 쓰고 있습니다. 그 양이 기하급수적으로 늘어나고 있다는 것이 문제입니다.

크리스천 루더의 『빅데이터 인간을 해석하다』(다른)는 트위터의 등장이 가져온 글의 변화를 면밀하게 분석한 책입니다. 이 책에서 저자는 요즘의 고등학생들은 1990년대의 고등학생들이 1년에 한 번 쓸까 말까 한 편지글의 분량을 오전 내내 그만큼 타이핑하고 있으니 향후 2년간 트윗한 글자 수가 지금까지 출간된 책들을 합친 것보다 훨씬 많아질 것이라고 지적했습니다.

일부에서는 트위터의 140자 단어 제한이 언어를 타락시켰다고 주장합니다. 그래서 어떤 이는 디지털에서 빨리 벗어나는 것이 인생에 도움이 될 것이라고 충고합니다. 하지만 과연 그럴까요? 개인의 프로필을 검색해 연인을 소개해주는 온라인 소개팅 전문업체인 오케이큐피드(www.okcupid.com)의 운영자 크리스천 루더의 주장을 정리해볼까요.

"견고한 언어의 성을 지키느라 풍찬노숙 하는 보초병들의 불평에도 불구하고 트위터에 등장하는 톱100의 단어 중에 rt와 u만이 압축 단어이다. 『옥스퍼드영한사전』에 실린 25억 개의 단어 중 자주 등장하는 단어가 주로 관사, 보조사, 수식어 등인 데 반해 트위터에는 love, happy, life, today, best, never, home 등 주체적이고 활동적인 명사와 동사이다."

그는 언어와 문화, 역사를 분석하는 구글의 연구 프로젝트인 '컬처로믹스(culturomics)'의 분석을 인용하면서 특정 단어의 사용 빈도 수에 따라 당대 사회의 문화를 짐작할 수 있다고 말합니다. 또한 트위터에 사용되는 단어의 빈도수를 분석하면 개인의 성향도 알 수 있습니다. 그는 디지털 기술 혁명은 글쓰기의 방식을 바꾸지 않으면서도 글쓰기의 능력을 증진시켰다는 결과를 제시하고 있습니다. 그의 지적처럼 트위터의 등장으로 시간과 공간의 응축, 대인 접촉과 감정 공유의 증가, 단어의 폭발적 증가가 이뤄지고 있습니다. 트위터에서는 개인들이 결속을 맺어가는 방법이 그대로 노출되고 있습니다. 따라서 접속한 사람들은 이용자들이 무슨 말을 하고, 언제, 얼마나 자주 누구에게 말하는지를 살펴볼 수 있습니다. 개인은 트위터에서 제한된 글자로 의미를 전달해야 하기 때문에 가급적 글자를 명료하게 선택해야 하고, 짧은 글에 자신의 생각을 담아야 하기에 감정을 잘 다스리면서 수없이 글을 압축해야만 합니다.

말이 글이 되고 글이 말이 되는 세상

풍자와 해학이 넘쳤던 어법을 구사한 노회찬, 시사 칼럼니스트로 대중의 인기를 크게 얻었던 유시민, 설전이 있는 곳에는 반드시 등장하는 진중권은 이 시대 최고의 트위터리안 중의 한 사람입니다. 세 사람의 성을 딴 팟캐스트 '노유진의 정치 카페'에서 세 사람은 각 분야 전문가를 초청해 우리가 반드시 알아야 할 중요 사안에 대한 해법을 털어놓았습니다. 그리고 팟캐스트 내용을 다듬어 『생각해봤어?』(웅진 지식하우스)를 펴냈습니다. 아무런 사전 지식이 없어도 이 책을 읽고 나면 세상이 보인다고 할 정도로 핵심이 쏙쏙 들어옵니다. 다루고 있는 주제도 교황, 국가안보, 불평등, 유전자 조작, 극우와 일베, 핵, 북한 인권, 기초연금과 의료민영화, 진화심리학 등 전방위적입니다.

이 책을 읽다 보니 '블룩'(blook)에 이어서 '팟북'도 뜨고 있다는 것을 감지할 수 있었습니다. 블룩은 블로그(blog)+책(book)의 합성어로 블로그의 글을 모아 책으로 펴낸 것을 말합니다. 팟북은 팟캐스트를 책으로 옮겨놓은 것을 이렇게 부르면 어떨까 하고 제가 만든 용어입니다. 이제 말이 글이 되고 글이 말이 되는 세상이 되었습니다.

그뿐만이 아닙니다. 트위터의 어록이 책이 되기도 했습니다. 소문난 '트위터리안'으로 활약하던 혜민 스님이 트위터에서 들려주던 짧은 이야기들을 휴식, 관계, 사랑, 미래, 인생, 사랑, 수행, 열정, 종교 등을 주제로 지혜롭게 살아가는 법을 알려주는 『멈추면, 비로소 보이는 것들』(쌤앤파커스)은 베스트셀러에 올라 수백만 부가 팔렸습니다.

이런 연성화된 지식을 경박단소하다고 말하는 이도 있습니다. 그 말도 일면 타당하다고 볼 수 있습니다. 하지만 우리는 이런 지식이 먹히는 구조부터 이해해야 합니다. 지금 젊은 세대는 스마트폰 하나로 모든 일을 해결합니다. 미래를 장담할 수 없어 불안해하는 이들 스마트폰 세대는 무엇이든 닥치는 대로 읽고 있으며 직접 통화하는 것보다 문자로 대화하는 것을 즐깁니다. 앞에서 지적했듯이 문자를 쓰는 양도 엄청납니다. 디지털 텍스트만 따지면 읽기의 '소외'가 아니라 읽기의 '범람'이라고 해도 무방할 것입니다. 또한 그들은 쓰기에도 몰두하기 시작했습니다.

10년이 지난 지금 글쓰기의 중요성은 더욱 커졌습니다. 덕분에 글쓰기에 대한 책이 엄청나게 쏟아져 나오고 있습니다. 대학입시에서의 논술과 함께 입학사정관 전형에서 '자기소개서'가 합격 여부에 중요한 요소로 작용하기 시작하고, 취업에서도 '자소서'가 결정적인 역할을 하면서 고등학생이나 대학생들이 자기소개서를 잘 쓰기 위해 목숨을 걸지만 글쓰기는 그 이상입니다.

이제 인간은 트위터를 비롯한 소셜미디어에서 남과 다른 자신만의 장점(차이)을 드러낼 수 있어야 합니다. 그래서 다양한 글쓰기의 책을 찾고 있습니다. 잘 쓰기 위해서는 무조건 많이 읽어야 합니다. 읽기와 쓰기는 원래 연동되어 있었습니다. 읽기와 쓰기는 출판과도 연동되기 시작했습니다. 지금은 누구나 소셜미디어의 활동으로 책을 펴낼 수 있습니다. 글쓴이의 포트폴리오가 되는 그 책이 글쓴이의 삶을 혁명적으로 뒤바꿔놓을 것임은 두말할 필요가 없습니다.

나아가 글쓰기를 통해 자기 마음 속 상처를 치유하기도 합니다. 한 번 크게 울고 나면 마음이 다스려지듯이 글을 써서 마음을 밖으로 드러내면 마음이 정화되는 효과도 있습니다.

영상과 글이 공존하는
인터넷 공간

시각과 청각을 중시하는 시대

지금은 영상시대, 달리 말하면 구어(oral language)시대입니다. 하지만 문자가 발명되기 이전에 말로 이야기할 수밖에 없었던 구어(음독)시대와, 문자화된 글을 눈으로만 묵묵히 읽던 묵독의 경험 뒤 맞이한 지금의 구어시대는 엄청난 차이가 있습니다. 지금의 구어를 우리는 신구어(new oral language, 신음독)라 부릅니다. 말이 문자화되면서 말하는 이의 감정, 기분, 분위기, 성별, 직업, 나이 등은 배제되어 왔습니다. 언어의 언어적 수단(linguistic method)만 남고 준어적(paralinguistic) 수단이나 언어외적(extralinguistic) 수단은 배제된 것입니다. 그러나 신구어시대에 접어들면서 그것은 다시 복원되기 시작했습니다.

영상시대는 시각과 청각을 중시합니다. 시각적으로는 문자와 이미지의 상생이 중요하고 청각적으로는 텍스트에 청각적 이미지를 부여할 필요성이 제기됐습니다. 그래서 문자(文字)는 활자(活字), 전자(電字), 성자(聲字)의 순서로 변해왔다고 말하기도 합니다. 활자의 음성화, 즉 활자의 음성적 세계의 회복이 절실하다는 것이지요. 문자의 이미지성을 강조하는 손글씨(캘리그래피)가 늘어나는 것도 같은 맥락이라 할 것입니다. 이제 인간은 글을 읽으면서 이미지뿐만 아니라 소리도 떠올립니다. 그렇게 되려면 글에는 이론이 아닌 사람, 사물, 사건 등이 자유롭게 제시되어야 합니다. 영상시대 상징적 권위의 근원은 "읽을 수 있는 것(근거, 원리) 또는 논리적 진리"가 아니라 "볼 수 있는 것(사건) 또는 그럴듯한 것"입니다. 그 사건이라는 점(點)들을 어떻게 거미집처럼 구조적으로 잘 연결해서 제시해내는가에 따라 글의 질은 달라집니다.

영상과 글이 함께 공존하는 인터넷에서 대중은 처음에 블로깅을 즐겼습니다. 하지만 글을 쓰지 않고는 블로그를 운영할 수 없었습니다. 그리고 인기 있는 블로그 내용은 어김없이 책으로 간행되었습니다. 그것을 우리는 블룩이라고 불렀지요. 지난 시절의 수많은 베스트셀러가 블룩이었습니다. 블룩은 보통 "짧은 호흡의 글, 생동감 넘치는 사진, 일인칭 주어를 앞세운 글쓰기, 적극적인 자기 노출, 마니아적 취향"이라는 공통점을 갖고 있습니다. 이런 글에 익숙한 사람들은 어떤 글을 주로 읽을까요?

책을 찾는 독자의 욕망은 어느 시대나 비슷합니다. 하지만 독자의 욕망을 만족시킬 수 있는 글의 형태는 시대에 따라 달라져야 마땅합니다. 따라서 과거에 유행했던 책을 이 시대에 맞는 책으로 다시 만들어낼 수도 있습니다. 실제로 오래전에 출간됐다가 죽어버린 책을 이미지를 넣어 새롭게 편집하거나 이야기 전개 방식에 약간의 변화를 주어 다시 살려내는 경우가 적지 않습니다. 이런 경우는 책이 재발견되는 셈이지요. 원작을 조금 손질하거나 제목을 바꾸는 것만으로 전혀 다른 책이 되기도 합니다. 『흑설공주 이야기』(바바라 G.워커, 뜨인돌)는 '백설공주' '미녀와 야수' '개구리 왕자' '인어공주' 등 기존 동화 속 여주인공에 대한 정형적 틀을 뒤집으면서 지금까지의 상식을 역설적 관점으로 바라보게 해 많은 사람들에게 감동을 주었습니다.

하나의 기획으로 큰 성공을 거두었다고 그것으로 만족할 필요도 없습니다. 일반 단행본으로 성공한 책은 책의 크기를 키우고 글자를 줄이고 도해 중심으로 바꿔 다시 출간할 수 있습니다. 소설을 만화로 만들거나 만화를 소설로 만드는 것은 이미 고전적인 방법에 속합니다. 『삼국지』 하나만 가지고도 도해판, 인물 중심의 평전, 경영서, 자기계발서 등 온갖 형식의 책을 만들 수 있는데 그때마다 글의 형식은 달라져야 합니다.

그렇다면 누가 이런 글을 쓸 수 있을까요? 가장 중요한 것은 고정관념에서 벗어나야 한다는 사실입니다. 대부분의 학자들처럼 꽉 막힌 형식의 글을 써대는 사람은 이제 유효기간이 다했습니다.

솔직히 저는 강단 학자들보다 인디라이터들에게 더 기대를 걸고 있습니다. 현장에서 일하며 대중이 즐기는 책을 같이 즐기며 기획자가 원하는 바가 무엇인지를 정확하게 꿰뚫고 빠르게 글을 써줄 수 있는 사람들 말입니다. 인디라이터는 글쓰기뿐 아니라 구성력과 취재력, 통찰력, 독창적인 안목, 임팩트가 강렬한 아이디어 창출력, 현장 인맥 확보 능력 등 다양한 능력이 필요합니다. 실제로 그런 인디라이터들이 갈수록 세를 넓혀가고 있습니다. 트위터를 통해 인연이 된 김류미 씨는 〈기획회의〉에 '소셜미디어 시대의 출판 마케팅'을 주제로 글을 1년 동안 연재하고 책을 펴냈습니다. 지금은 '소셜리딩'을 업으로 하는 스타트업 벤처회사의 CEO로 일하고 있습니다. 온라인에서의 사소한 연결이 이렇게 한 사람의 운명을 뒤바꾸기도 합니다.

읽기와 쓰기는 순환한다

2009년 저는 본격적으로 블로그를 시작했습니다. 그동안 인터넷에 서툴러 우여곡절이 많았지만 책 세계의 알파블로거들과 연결될 수 있었습니다. 블로그를 하면서 읽기와 쓰기가 연동되었다는 것을 확신하게 되었습니다. 이노우에 히사시는 『자가제 문장 독본』에서 "사람은 읽는 행위로 과거와 연결되고 쓰는 행위로 미래와 연결된다"고 말했습니다. 원래 읽는 행위와 쓰는 행위는 따로 놀던 것이 아니었습니다. 나가세 하지메는 「독서 혹은 읽기와 쓰기」에서 "'읽기'는 '쓰기'에 의해 담보되고, '쓰기'는 '읽기' 또는 '읽혀지는 것'에 의해 뒷받침된다. 달리 말해 '읽기'는 단독으로는 존립할 수 있는 게 아니라 항상 '쓰기'와 관계하며 성립하는 것"이라며 읽기와 쓰기는 유기적으로 결합한 순환적인 활동이라고 정리했습니다.

하지만 근대 산업혁명의 성립과 국민교육의 제도화 등은 '읽기'와 '쓰기' 양자 사이의 단절을 불러왔습니다. 일상에서 '읽기'와 '쓰기'의 순환을 실천하고 있지만, 그것을 인식하지 못한 채 오히려 양자의 단절을 받아들인 것입니다. 나가세 하지메는 근대 산업혁명의 성립과 국민교육의 제도화 같은 역사적 요인이 '읽기'와 '쓰기'의 단절을 초래했다며 다음과 같이 지적했습니다.

"출판계에서는 독자를 '읽기'만 하는 주체로 보았을 뿐, 그들이 '쓰기'도 한다는 (당연한) 사실을 진지하게 받아들이지 않았던 것 같다. 오히려 산업적인 측면에서 생각한다면 독자와 '읽기'만을 연결짓고 그것을 강화하는 편이 나을 수도 있다. 그래서 오늘날 우리 사회에서 다수의 '읽기'와 소수의 '쓰기'가 상호 연관성에 대한 의식은 결여된 채 병존해왔다. 양자의 경계를 이루는 것이 넓은 의미에서 출판이라 불리는 것이다. 그리고 출판은 근대 산업의 발달로 소수의 '쓰기'와 대량복제에 의한 다수의 '읽기'로 이어지는 일방적인 흐름을 만들어왔다. 이러한 구조가 오늘날 동맥경화를 일으킨 것은 사회 구성원 대부분이 어느 정도 읽기와 쓰기 능력을 지니게 된 대중 교육사회(포스트 모던한 소비사회의 전제이기도 하다)의 귀결이기도 하다. 이 구조 변용을 직시하지 않은 채 '읽기'만 복권시키는 것은 지난한 일이다."(나가세 하지메,「독서 혹은 읽기와 쓰기」)

그러나 지금은 어떤가요. '쓰기'의 부활을 말하고 있습니다. 영상이 엄청난 수준으로 발달하고 있음에도 문자로 쓰는 행위는 폭발적으로 증가합니다. 고등학생들은 과거에 1년 동안에 쓸 만한 글을 단지 하루에 트위터에 쓰는 시대가 되었습니다. 전화를 걸어 말을 하기보다 문자로 대화하는 것이 익숙해지는 세상이기도 합니다. 이런 일이 일상이 되니 쓰기에 관한 책이 폭발적으로 증가하고 있습니다. 또한 많은 사람들이 자신의 블로그에 서평을 올리고 있습니다. 이렇게 읽기와 쓰기의 반복적인 순환, 모두가 쓰고 모두가 읽는 일이 몸에 친숙해지기 시작했습니다. 읽기와 쓰기의 재발견은 바로 블로그를 비롯한 소셜미디어의 등장으로 인해 벌어진 일입니다.

나가세 하지메는 앞의 글에서 "'읽기'와 '쓰기'는 본래 순환적인 연쇄를 이루어 전개되는 것이다. 그것을 가시적으로 나타내는 사례는 블로그(웹로그)이다. 블로그는 시계열로 된 텍스트 배치와 트랙백, 코멘트로 진행되며 텍스트 간에 상호 링크를 걸어 돌아가는 형식적 특징을 지닌다. 오해하면 안 될 것은 '읽기'와 '쓰기'의 순환이 블로그에 의해 발명된 게 아니라, '읽기'와 '쓰기'가 본래 지니고 있던 순환적 관계가 블로그라는 계기로 재발견되었다고 생각해야 할 것"이라며 새로운 쓰기가 블로그에 의해 폭발하고 있음을 확실하게 밝히고 있습니다.

읽기와 쓰기는 '출판'과 연동된다

1997년 12월에 태어난 블로그는 2010년에 약 5억 개가 존재할 것으로 추정되었습니다. 이후에 트위터, 페이스북 등 '세상을 뒤흔든' 소셜미디어가 연속해서 등장했습니다. 물론 〈뉴욕타임스〉가 지적했듯이 전체 블로거 중 50%는 블로그를 하는 유일한 목적이 개인 생활을 알리고 공유하는 것이었습니다. 〈뉴욕타임스〉의 지적을 좀 더 들어 볼까요.

> "유튜브의 캐치프레이즈는 '당신 자신의 방송국'이며, 실제로 우리는 수치심을 전혀 느끼지 않고 자아도취의 나르시스 신화에 빠져 스스로를 방송하고 있다. 전통적인 주류 미디어가 개인화된 미디어 대체되고 있는 지금, 인터넷은 우리 자신을 투영하는 거울이 되었다. 인터넷으로 뉴스와 정보, 문화를 찾기보다는 그것을 사용하여 스스로가 뉴스와 정보, 문화가 되려 한다."(앤드루 킨, 『인터넷 원숭이들의 세상』)

블로거는 제5의 미디어라고 일컬어집니다. 그 덕분에 신문과 잡지 같은 전통적인 미디어는 심각한 위기에 직면했습니다. 반면 알파블로거, 파워블로거의 영향력은 갈수록 커지고 있습니다. 그리고 그들은 어느새 출판의 한 자리를 꿰찼습니다.

처음에는 요리, 육아, 화장, 여행 등 실용·취미 분야의 실용서가 중심이었던 블록도 점차 인문서 등 '공공성'이 강한 영역으로 확대되었습니다. 공론의 성격이 강한 블록도 늘어났습니다. 이제 트위터와 페이스북에 연재된 글들도 책으로 출간되는 일이 날마다 벌어지고 있습니다.

그러니 "물론 인문서 공간에 있어서의 그것처럼, 규범의 주입 장치를 그대로 재건해서는 아무런 의미가 없다. 오늘날의 중간적인 발언 공간과는 다른 입장의 사람들끼리 만나 힘을 모아 새로운 공공의 가치를 만드는 장이 되어야 한다. 출판은 그 과정에 관여하는 활동이며 새로운 시도를 촉진하는 행위다. 외부에서 규범을 부여하는 게 아니라 우리의 일상에 박혀 있는 실천들, 즉 쓰다, 엮다, 형태를 갖추다, 나눠주다, 받다, 읽는다 등의 순환을 재구성하는 것이다. 이런 출판(publishing)을 가리켜 '퍼블리킹(PUBLICing)'이라 이름 붙이고 싶다. 퍼블리킹을 통해 인문서의 관념을 쇄신하는 것이야말로 진정으로 인문서에 의문을 제기하는 것이 될 터이다"(하세가와 하지메, 「퍼블리킹으로서의 출판 – '인문서 공간' 붕괴 이후」, 〈논좌〉 2007년 3월)라는 진술까지 나왔습니다.

나가세 하지메가 '퍼블리시 하는 것'이라고 말한 것이나 하세가와 하지메가 '퍼블리킹'이라고 이름 붙인 것은 웹에서 이뤄지는 '출판'을 전통적인 출판행위와 구별하고자 함입니다. 하지만 우리는 그것을 새로운 출판행위로 볼 수밖에 없습니다. 어쩌면 퍼블리킹이란 말은 고유명사로 굳어질지도 모르겠습니다.

블로그 등에서 공공성 있는 글을 쓰는 가장 손쉬운 방법 중의 하나가 서평입니다. 이미 인간은 지식을 얻는 행위 이상으로 자신의 아이디어나 상상력을 구체화하기 위해 책을 읽기 시작했습니다. 그런 갈급증이 온라인 서평의 효과를 키우고 있습니다. 저도 블로거로서 서평을 자주 올리지만 블로그 서평은 웹 공간에서 빠르게 확산되고 있습니다.

휴대전화는 정보송수신의 제왕이 되었습니다. 스마트폰과 스마트패드 등장 이후 정보의 저장과 보관, 기억의 기능은 컴퓨터로 넘어갔습니다. 기술의 발달을 의심할 필요는 없습니다. 이미 기술은 인간과 기계를 합하여 제3의 존재를 만드는 수준으로 치닫고 있습니다.

윈도우95가 세계를 하나로 연결한 것은 1995년의 일입니다. 정보기술은 이제 겨우 걸음마단계에 불과합니다. 하지만 앞으로는 정보에 접근하는 능력뿐 아니라 접근할 수 있는 모든 정보를 연결하고 해석하여 자기만의 이야기를 만들어낼 수 있어야 할 것입니다. 그런 능력을 키우기 위한 가장 손쉬운 방법이 책을 읽는 것입니다. 책의 내용뿐 아니라 그 책이 담고 있는 독소나 폐해, 나아가 대안까지 발견해낼 수 있는 능력의 소유자라면 새로운 지식을 창조하는 능력을 갖춘 것이나 마찬가지입니다.

인공지능 시대의 삶

지식을 재구성하는 능력

이제 주어진 지식을 암기하는 일보다 여러 지식을 묶어서 상상력을 발휘해 새로운 지식으로 만드는 능력이 더욱 중요해졌습니다. 웹의 발달로 개인의 능력은 엄청나게 커졌습니다. 이 시대를 이끄는 힘은 국가나 대기업이 아닌 개인에게서 나옵니다. 토머스 프리드먼은 그것을 '초강대개인'이라고 말했습니다. 하지만 그것은 모든 정보에 대한 '주관적 맥락잡기'를 잘 할 줄 아는 사람에게나 해당되는 것입니다. 이제 모든 사람에게 가능성이 열려 있습니다. 그래서 저는 저도 모르는 사이에 아이들이 좋은 대학 졸업이라는 스펙을 쌓는 것보다 책을 읽고 글을 쓰는 일이 더욱 중요하다는 이야기를 하기 시작했습니다.

그리고 이명박 정부가 일제고사를 도입하는 것에 화가 나서 2010년 3월에 〈학교도서관저널〉을 창간했습니다. 지금 학교는 인문소양교육을 중시하면서 자유학기제를 도입했습니다. 아이들이 학교도서관에서 책을 함께 읽고, 토론하고, 자기 생각을 글로 쓸 수 있어야 어떤 직업에서도 살아남을 수 있는 역량을 갖출 수 있다는 창간사를 쓴 나로서는, 이런 변화에 만시지탄입니다.

1997년에 '88만 원 세대'라는 담론이 나온 다음부터는 대학 졸업 이후에도 안정된 직장을 찾지 못하는 청년의 불안한 미래가 늘 사회적 화두였습니다. 오죽하면 "인문계 대학 졸업자의 90%는 취직을 못하고 논(론)다"는 뜻을 가진 '인구론'이라는 신조어까지 등장했을까요? 또 실업자와 신용불량의 앞글자를 딴 청년 '실신시대'라는 조어도 등장했습니다. 젊은 세대가 일할 기회를 박탈당하고 청년 실업률이 사상 최대치를 기록하는 마당이니 이런 말들이 남의 일 같지 않게 들려올 것입니다. 이런 위기는 설사 불경기를 크게 극복했다고 해도 쉽게 해결되지 않을 것입니다. 경제가 아무리 성장해도 기술이 실업을 낳고 있기 때문입니다.

서문에서도 밝혔듯이 산업 현장은 물론이고 개개인의 삶 속에도 로봇이 등장하는 것은 시간문제입니다. 한 예로 LA에서 지진이 난 적이 있습니다. 사람들은 피하기 바쁘겠지만 퀘이크봇(Quakebot)이라는 로봇은 불과 8분 만에 기사를 써서 인터넷에 올렸습니다. 그래서 기계가 진화해 몇 년 안에 퓰리처상을 받을 것이라는 이야기가 나오고 있습니다.

컴퓨터사이언스를 전공한 빅데이터 전문가 송길영이 쓴 『상상하지 말라』(북스톤)에는 이런 이야기도 나옵니다.

> "'류현진이 등판해서 방어율이 얼마가 됐다'는 식의 기사는 내러티브 사이언스 사의 퀼(Quil)이라는 소프트웨어가 쓴다. 세이버 매트릭스(Sabermetrics)라는 야구통계 시스템이 있어서 몇 번째 공의 구질이 무엇이라는 것이 다 나오기에 가능하다."

이러니 기자라는 직업이 사라질 거라는 이야기가 나오는 것입니다. 하지만 이것으로 끝이 아닙니다. 미국 국방성이나 유럽연합은 인공지능 개발에 엄청난 비용을 투입하고 있습니다. 이미 우리는 인공지능이 맹활약하는 영화를 일상적으로 접하고 있다.

금융저널리스트인 모리오카 히데키는 『2015년 일본의 논점』(문예춘추)에서 "현재 인터넷으로 연결되는 것은 컴퓨터와 스마트폰이지만 사물인터넷은 TV, 시계, 자동차, 가전제품, 전기, 가스, 수도 등의 인프라, 결국에는 화장실까지 우리 주변에 있는 모든 '사물'이 인터넷으로 연결된다"고 지적했습니다.

이제 인간은 스스로 기계와 차별화되는 자신의 능력부터 갖춰야 합니다. 기계가 할 수 없는 일을 하지 않으면 결코 미래에 안정된 삶을 구가할 수 없습니다. 그러기 위해서는 자신부터 잘 알아야 합니다. 인간에 대한 본원적인 이해가 필요하다는 이야기입니다. 문학, 역사, 철학, 인류학, 고고학 등을 우리는 기반지식이라고 말합니다. 이 분야의 책을 읽는 것이야말로 인간이 인간답게 살아가는 지름길을 확보하는 것이나 마찬가지입니다. 이런 학문을 기술과 결합해 사유할 수 있어야 하니 과학지식도 절대 필요합니다. 과학 기술 분야의 기본적인 고전은 무조건 읽어야 마땅합니다.

인간만이 가능한 통찰하는 힘

지금은 인간의 뇌(머리)만 움직이면 되는 이성의 시대가 아니라 몸과 마음을 움직여야 하는 감성의 시대입니다. 그러니 예술에 대한 깊이 있는 이해도 더욱 중요해졌습니다. 인문학자인 김경집은 『엄마 인문학』(꿈결)에서 "인문학은 문학·역사·철학이 아니라 인간에 관한 모든 분야를 망라한 학문"이며 "인문학의 중심은 인간"이라고 말합니다.

미국 MIT 빅데이터 전문가 알렉스 펜틀런드는 『창조적인 사람들은 어떻게 행동하는가』(와이즈베리)에서 일상생활을 나타내는 기록을 '디지털 빵 부스러기(digital bread crumb)'라고 명명한 다음, 이를 잘 활용하면 사회문제를 해결하는 데 크게 보탬이 된다고 주장했습니다. 펜틀런드는 이 책에서 개인이 의견을 나누고, 돈을 지출하고, 물건을 구매한 기록과 같은 '디지털 빵 부스러기' 수십억 개를 뭉뚱그린 빅데이터를 분석하면 그동안 이해하기 어려웠던 금융위기, 정치 격변, 빈부격차 같은 사회현상을 설명하기 쉬워진다고 강조했습니다.

『상상하지 말라』에서 "데이터가 쌓이면 통사적으로 인간의 삶을 바라볼 수 있고, 객관화가 가능"해지는 것을 '주관의 객관화'라고 했습니다. "데이터 분석이 인간의 욕망을 파악하는 일인 만큼, 인간을 심도 깊게 이해하기 위해서는 인문학적 소양이 필수적"이라고 말하면서 '통찰'은 '상상'이 아니라 빅데이터를 잘 관찰하고, 변주할 줄 알며, 보고도 모르는 것을 보고, 인간의 마음을 이해하고 배려하는 가운데 이뤄진다고 했습니다. "데이터를 통해 현상을 이해하는 것으로는 충분치 않다. 그 속에 의미 있는 패턴을 찾아내 추론할 수 있는 지적 능력", 즉 통찰하는 힘을 키워야 합니다. 이제 기업들도 인문사회학을 공부한 사람들을 영입해 통찰의 깊이를 더하려 하고 있습니다. 왜냐고요? 통찰은 컴퓨터가 절대로 하지 못하는 일이니까요.

성공할 수 있는 역량을 갖추어야 한다

앞으로 개인이 발휘해야 할 최고의 능력은 어떤 사안이 발생할 때마다 그에 대한 생각을 글로 써낼 수 있는 능력입니다. 달리 말하면 브리콜라주(bricolage)적인 지식을 생산하는 능력입니다. 브리콜라주는 개인이 즉각 동원할 수 있는 것들로 필요한 무엇인가를 만들어내는 지식입니다. 바로 역량입니다.

미래학자들은 인간이 120세(심지어 170세라는 이야기도 있습니다)까지 일하는 날이 도래하고 일생에 여덟 번 직업을 바꿀 수 있다고 예견합니다. 심지어 29~40번 직업을 바꿀 것이라는 예측마저 있습니다. 따라서 이제 인간에게는 평생 먹고살 수 있는 직업 선택이 중요한 게 아니라 어떤 직업을 선택해도 성공할 수 있는 준비된, 즉 역량을 갖추는 것이 필요합니다.

그럼 불과 6년 사이에 달라진 시대의 모습을 되돌아보기 위해 2010년 3월에 창간한 〈학교도서관저널〉의 창간사와 1주년 기념호의 여는글 전문을 살펴보겠습니다.

세상을 살아가는 역량,
학교도서관에서 기르자

우리 시대 가장 유명한 발명가 가운데 한 사람인 레이 커즈와일은 1976년 종이 자료를 영상으로 변환하는 CCD 스캔 기술, 영상문자를 판독하여 텍스트로 변환하는 광학문자인식(OCR) 기술, 텍스트를 음성으로 읽어 내는 텍스트 음성 합성(TTS) 기술 세 가지를 결합한 '커즈와일 읽기 기계'를 발명했다. 기계다. 컴퓨터로 인쇄 문자를 읽는 기술은 스마트폰 같은 휴대 전화에까지 도입되어, 이제 모든 자료를 텍스트로 보관하면서 읽거나 듣는 일이 일상적인 것이 되었다.

기술 발달은 도대체 어디까지 나아갈까. 레이 커즈와일은 기술이 인간을 초월하여 양자가 합한 제3의 존재가 되는 '특이점'에 곧 도달할 것이라는 충격적인 예언을 내놓기도 했다. 특히 나노기술은 무한대로 발달하고 있어 우리는 인류가 생산한 모든 정보에 언제 어디서나 즉각 접근할 수 있게 될 것이다.

이런 마당에 정보를 기억하고 보관하는 일은 전혀 장점이 되지 못한다. 이제 주어진 정보를 엮고 해석하여 자기만의 이야기를 만들어 내지 못하면 경쟁에서 즉각 도태될 수밖에 없다. 그런데 그런 능력은 주입식 교육 시스템에서는 결코 키워지지 않는다. 그것은 어려서부터 다양한 책을 읽으며 상상하는 능력을 키운 사람만이 갖출 수 있다.

게다가 웹2.0으로 읽기와 쓰기가 연동된 시대가 돌아왔다. 본래 조선시대만 해도 사대부에게 있어 쓰기는 생존을 위한 필수적인 '기술'이었다. 과거시험은 잘 써야만 통과될 수 있었고, 잘 쓰기 위해서는 무조건 많이 읽어야 했다. 그러다 대중 저널리즘의 등장 이후에 소수의 '쓰기'와 다수의 '읽기' 체제가 굳어졌던 것이다.

그러나 최근 누구나 무엇을 죽어라고 쓰는 시대가 완벽하게 부활하고 있다. 휴대전화 문자나 이메일, 트위터 등에다 무엇이든 잘 써야만 한다. 기업에서 도태되지 않기 위해서는 기획서 한 장이라도 잘 써야 한다. 인터넷 블로그에 좋은 글을 쓴 사람은 종종 메이저리그 스타가 되기도 한다. 블로그에 글을 쓴다는 것은 과거 종이책에 '출판'되는 것이나 다름없다. 앞으로 개인은 이렇게 읽기와 쓰기와 출판이 연동된 삶을 살아야만 한다.

하지만 지금의 시대는 조선시대와는 현격하게 다르다. 조선시대에는 '사서오경' 같은 극히 한정된 텍스트를 마르고 닳도록 읽기만 해도 과거라는 관문을 통과할 수 있었지만 지금은 날로 증가하는 무수한 텍스트를 연결하여 읽으면서 자신만의 장점, 다르게 말하면 '차이'를 드러내야만 한다. 그런데 지금의 교육과정을 감안하면 그런 능력은 우수한 대학을 졸업한다 해서 결코 저절로 키워지지 않는다. 이미 지식을 단순하게 암기하는 공부만으로 시험성적을 잘 내는 데만 익숙했던 사람들이 사회에서 부적응자로 도태되는 일이 다반사인데 앞으로는 그런 체제가 더욱 강화될 것이다.

이제는 대학 졸업장이나 석박사학위보다도 어떤 역량을 실제로 갖췄는가가 더욱 중요하다. 한 번의 직업 선택이 중요한 것이 아니라 어떤 직업을 선택해도 성공할 수 있는 능력을 갖춰야만 한다. 정보에 대한 접근능력이 아무런 경쟁력이 되지 않는 시대에는 정보를 끄집어내 주관적인 의미를 부여하여 가치를 발생시킬 수 있는 능력의 소유자여야 시대를 주도할 수 있다. 이런 능력 또한 어려서부터 책을 많이 읽으며 중요한 부분만 남겨 놓고 나머지는 망각하는 능력, 즉 콘셉트를 뽑아내는 훈련을 제대로 한 사람만이 갖출 수 있다.

역량을 갖추기 위해서는 그래서 책 읽는 환경이 더욱 중요하다. 웹에서 검색을 통해 얻을 수 있는 정보는 이미 누군가가 상상력을 발휘한 것일 뿐만 아니라 질을 보장하기도 어렵다. 책의 가치는 '편집력'에 있다. 행간과 여백까지 배려한 책을 읽어야만 역량을 확실하게 갖출 수 있다. 그것도 불규칙하게 놓여 있는 수많은 책을 함께 읽으며 자신만의 차이를 만드는 일을 어려서부터 할 수 있을 때에야 비로소 제대로 갖출 수 있는 것이다.

그러기 위해서는 무엇보다 늘 수많은 정보에 접근할 수 있는 환경이 필요하다. 그것은 바로 도서관이다. 특히 학교도서관은 다양한 신간을 제대로 구비해서 학생들이 언제나 필요한 자료에 접근할 수 있는 환경으로 거듭나야 한다. 하지만 우리나라의 학교도서관 환경은 매우 열악하다. 학생들에게 자신이 무엇이 부족한지를 깨닫게 하고 그런 결핍을 채우는 이정표를 안내해 줄 사서교사 또한 너무 적다.

이런 열악한 환경을 개선하는 데 앞장서기 위해 우리는 '학교도서관저널'을 펴내기로 했다. 이 잡지에는 학교 현장의 사서교사와 담당교사, 교육운동가, 독서운동 종사자, 출판전문가, 평론가, 작가 등이 참여하여 어떤 책을 어떻게 읽어야 하는가에 대해 말하고자 한다. 이 잡지를 창간하기까지 시간이 너무 짧았다. 체제를 갖추고 바람직한 지면을 어떻게 꾸려야 할지 충분한 토론을 벌이지 못한 것에 많은 아쉬움이 남는다. 이 부족함은 독자 여러분과 함께 채워가고자 한다.

아이들을 살리겠다

〈학교도서관저널〉이 '드디어' 창간 1주년을 맞이했다. '드디어'라고
까지 말하는 이유는 한국 최초로 '도서관' 이름이 들어간 민간 잡지
를 시작해서 1년을 넘기는 것조차 너무 힘들었기 때문이다. 두 팔
벌려 환영해주기는커녕 질시의 눈으로 바라보는 도서관 관계자들
이 적지 않았다. 공공도서관은 정기구독조차 별로 해주지 않았다.
학교도서관에서도 무조건 환영을 받은 것만은 아니다. 10시에 문을
열고 4시에 문을 닫으면서 '넉넉하게' 학교도서관을 운영하던 교사
들이 고객(학생)을 위해 최대한 많은 시간 문을 열고 있으라는 주장
을 담은 잡지를 달가워하지 않는다는 것을 알게 된 것은 창간호가
나온 직후였다.

그러나 우리는 이 잡지를 창간한 뜻을 언젠가는 알아주겠지 하는
마음으로 한 호 한 호 묵묵히 펴냈다. 1년쯤 지난 지금에는 공공도
서관의 정기구독이 크게 늘어나고 학교도서관에서도 반응이 점차
좋아지기 시작했다. 그래서 처음에 섭섭해 했던 마음은 모두 녹아
버리고 우리가 더욱 열심히 잘해야 한다는 사명감만을 갖게 됐다.

우리가 〈학교도서관저널〉을 창간한 것은 한마디로 아이들의 미래
를 열어주자는 것이었다. 아이들은 성적을 올리기 위해 초, 중, 고

12년 동안 밤낮으로 공부했다. 고등학교에 들어가자마자 16시간이나 형틀(책상)에 묶여 있다시피 했다. 대학에 입학해서도 오로지 스펙을 키우기 위해 온몸을 바쳤다. 외국으로 영어연수 한 번 다녀오지 않은 사람이 거의 없을 정도다. 스펙이 5종에서 7종, 8종으로 늘어만 가는 것에 적응하다보니 대한민국 역사상 최고로 스펙을 키운 세대가 되었다.

그들이 처음에 공부를 시작할 때는 일류대에만 입학하면 인생이 활짝 필 것 같은 분위기였지만 지금 우리 사회는 그렇게 돌아가지 않는다. 대학을 가겠다는 의지만 있으면 무조건 대학을 졸업할 수 있는 세상이 되었지만 대학을 졸업한 청년 중 넷 중 하나는 실업자다. 그리고 나머지 셋도 대부분 비정규직 노동자다. 실력과 운을 겸비해 상장기업이라는 최상급 일자리에 입성해도 1년 안에 둘 중 하나는 '어쩔 수 없이' 떠난다. 나머지 절반도 30대에 회사에서 쫓겨나다시피 한다. 우리 사회는 심정적 정년의 나이가 43세로 낮춰진 지 오래다.

오죽하면 대학 졸업예정자는 '실업예정자'와 동의어가 되고, 취업하자마자 퇴직한 20대는 '이퇴백'(이십대에 퇴직한 백수)으로 불리며, 삼십대 초반이면 인생 땡이라는 '삼초땡'이라는 신조어마저 등장할까? 이런 소리를 듣는 것이 싫어 대학원에 진학해 석박사를 따보지만, 그렇게 해서 1년에 배출되는 석사 7만 명, 박사 1만 명도 대부분 고등실업자나 대학의 시간강사 같은 '워킹푸어'로 전락한다. 이런 세상이 싫어 정년이 보장되는 공무원이 되기 위해 시험에 열중한다. 하지만 교사에 임용되기는 하늘에 별 따기처럼 힘들어지고, 공무원 시험 경쟁률도 갈수록 치솟고 있다. 안정적인 직업을 선택해야 결혼, 주거, 육아, 노후가 보장될 것으로 여겨 그 길을 따른 사람들 중에서도 정작 자신의 진정한 꿈은 잃어버리고 현실의 비루한 삶에서 헤어나지 못하는 경우가 너무나 많다.

이런 사회가 희망이 있을 것인가? 지금은 99가지 단점을 지녔더라도 자신만의 단 한 가지 장점만 있으면 큰소리치고 살아갈 수 있는 세상이다. '모나리자'로 유명한 레오나르도 다 빈치는 16세기에 잠수함, 비행기, 로봇 같은 최첨단 발명품에 대한 욕망을 실현하고자 했다. 물론 꿈들은 대부분 좌절됐다. 500년 전에 남들이 아무도 품을 수 없었던 그 대단한 이상들은 결국 현실이 되었다. 그런 꿈을 꿀 수 있었던 불세출의 천재로 인정받을 정도로 통합적 사고가 뛰어났던 다빈치도 정작 나눗셈을 할 줄 몰랐다. 아마도 우리 교육은 이런 천재들을 '걸러내는' 과정이 아닌가 싶을 정도다.

이제 우리 사회는 이런 엄연한 현실을 인정해야 한다. 하나의 과녁만 설정한 다음 모든 아이들을 그 과녁을 맞추도록 만드는 것이 아니라 자신만의 장점을 키울 수 있도록 만들어야 한다. 그러기 위해서는 아이들에게 책을 들려주어야 한다. 일류 대학을 가고, 이미 사라지고 없는 평생 직업을 선택하도록 할 것이 아니라 어떤 직업을 선택해도 살아남을 수 있는 역량을 갖출 수 있도록 해야 한다.

하루빨리 아이들에게 좋은 책을 들려주고, 교사와 학생과 학부모가 함께 토론하는 과정에서 세상을 이겨낼 자신만의 힘을 갖출 능력을 갖추도록 도와야 한다. 미래학자들은 인간이 120세까지 일하는 날이 도래하고 일생에 여덟 번 직업을 바꿀 수 있다고 예견한다. 그때 사람들이 새 직업을 선택할 때마다 입문서에서 전문서까지 한 분야의 책을 100권만 섭렵하면 박사 수준의 실력을 갖출 수 있다. 우리는 아이들에게 그 책들을 섭렵할 수 있는 능력을 키워주어야 한다. 〈학교도서관저널〉은 바로 그런 일을 하기 위해 창간된 잡지다. 앞으로도 그런 임무를 충실히 수행하기 위해 〈학교도서관저널〉은 최선의 노력을 경주할 것을 약속드린다.

3

인공지능을 이기는 무기

'보통인'들의
읽기와 쓰기

온라인상에서의 글쓰기

명말청초의 개혁적 계몽사상가인 고염무는 스스로 '공부의 감독'이 되어서(이를 '자독독서自督讀書'라 했다) 매일 읽어야 할 책의 권수를 스스로 규정했습니다. 그리고 매일 다 읽은 후 읽은 책을 한 번 베껴 썼습니다. 또 책 한 권을 읽을 때마다 독서일기라 할 수 있는 '찰기(札記)'를 썼습니다. 고염무는 이 찰기를 30년 이상 쉬지 않고 썼습니다. 이것을 정리한 것이 『일지록(日知錄)』 32권입니다. 『일지록』의 내용은 정치, 경제, 군사, 교육, 과학기술, 철학, 종교, 역사, 법률, 경학, 문학, 예술, 언어, 문자, 제도, 천문지리 등 고금의 모든 학문 영역을 망라하고 있어 그가 얼마나 폭넓은 독서를 했는지를 알 수 있습니다.

일본의 정보공학자 마쓰오카 세이고는 날마다 한 권의 책을 읽고 블로그에 서평을 올렸습니다. 주말은 쉬었습니다. 그 서평을 모아놓은 것이 『천야천책(千夜千冊)』입니다. 이 책들은 웬만한 저술 이상의 가치가 있습니다. 그는 한 분야의 책만 읽지 않고 모든 분야를 넘나들며 책을 읽었습니다.

물론 이런 일이 쉽지 않습니다. 그러나 저는 사법시험을 통과하기 위해 『육법전서』를 마르고 닳도록 읽는 사람보다는 더 가능성이 있다고 봅니다. 대학 4년을 포기하고서라도 이들처럼 책을 읽으면 반드시 자신의 의지로 세상을 살아갈 수 있는 지혜를 터득할 수 있을 것이라 확신합니다.

저는 요즘의 박사급 실업자들이 춘추전국시대 식객들의 모습과 닮았다고 봅니다. 제나라 환공을 필두로 이어지는 춘추오패, 그 후 전개된 전국칠웅의 끝없는 전쟁과 혼란기, 진시황이 천하를 통일하기까지 장장 550년간 이지어는 춘추전국시대는 백화제방(百花齊放), 백가쟁명(百家爭鳴)의 시대로 수많은 '꽃'(아이디어)이 폈습니다. 새로운 아이디어(사상)가 있는 자는 제왕에게 가서 유세 한 번으로 재상이 되기도 했습니다. 적어도 '닭의 울음소리를 잘 내거나 개의 흉내를 잘 내는 재주'(계명구도, 鷄鳴狗盜)라도 갖지 않고는 살아남을 수 없었습니다. 제왕 옆에 붙어 있던 식객들은 오로지 자신의 아이디어를 구현할 기회를 호시탐탐 노리고 있었습니다. 당시의 식객이 요즘 풍찬노숙(風餐露宿)하는 박사급 학자라 보면 어떨까요? 지금도 자신만의 '꽃'이 있는 사람은 포트폴리오나 오디션 하나로 일약 '스타'가 되기도 하니 말입니다.

이 시기에 중국에서는 유교와 도교가 탄생했습니다. 같은 시기에 인도에서는 힌두교와 불교, 이스라엘에서는 유일신교, 그리스에서는 철학적 합리주의가 등장했습니다. 그래서 카를 야스퍼스는 이시기를 '축의 시대'고 부릅니다. 축의 시대는 살아남기 위해서는 폭력마저 정당화되던 시대입니다.

그렇다면 지금은 어떤가요. 어떤 블로거는 자신의 말처럼 10년의 '뻘짓' 끝에 대중지성의 새로운 지평을 열고 있다는 평가까지 받았습니다. 블로그에서 '로쟈의 저공비행'이란 이름으로 종횡무진 책읽기를 하면서 10년 이상 인문학에 대한 서평을 써내다가 그 결과물의 일부를 골라 『로쟈의 인문학 서재』(산책자)를 펴낸 이현우 말입니다. 그런 일은 학력과 무관합니다. 소셜미디어에서 인기를 끌면 자연스럽게 대중 지성의 반열에 올라설 수 있습니다.

그리고 이런 서평은 읽는 이에게 성찰의 기회를 제공합니다. 그리고 책의 소중함을 널리 알릴 수 있습니다. 그래서 잘 된 서평 하나가 책의 운명을 바꾸기도 하는 것입니다. 로쟈(이현우)뿐 아니라 앞으로 이런 사람들은 더욱 늘어날 것입니다. 온라인상의 글쓰기가 중요해진 오늘날 굳이 서평의 역할을 들먹이지 않아도 쓰기라는 것 자체가 중요해졌기 때문입니다.

새로운 '발언'의 필요성

그럼 '보통인'들의 글이 왜 중요할까요? 하세가와 하지메는 앞의 글에서 "지금은 사회적 힘들의 배치가 바뀌어 과거의 발언 공간이 상업성과 전문성, 개인성으로 갈라져 소멸했다. 더 이상 특정 기관이 지식을 독점할 수 없게 됐고 다양한 형태로 사회에 편재한다. 신 중간층은 해체되고 사회는 무수한 차이에 의해 세분되었다. 디지털 기술은 일반 사람들에 대한 텍스트 공개, 영상작품 제작 및 상시 연락 가능한 상태를 제공해왔지만 지금으로서는 자본에 의해 푼돈과 시간과 신체를 착취당하는 단계에 머물고 있는 것 같다. 그렇기 때문에 더더욱 중간적인 발언 공간의 재생성이 요구되고 있다"며 새로운 '발언'의 필요성을 역설했습니다. 이미 제대로 된 서평집은 새로운 발언으로 작동하고 있습니다.

이현우가 말하는 서평 쓰기의 요지를 살펴볼까요.

"읽은 책의 요지와 핵심적인 내용을 서너 가지로 추린 다음에(독서과정에서 자연스레 추려지지 않았다면 따로 메모하는 것도 방법이다) 맥락까지 잡아놓으면 서평 쓰기의 '워밍업'은 완료된다. 이제 쓰면 된다. 첫 문장부터. 물론 자연스레 첫 문장이 풀려나온다면 별 문제가 없지만, 보통 전업 작가들도 애를 먹는 것이 첫 문장 쓰기다. '시작이 반이다'라는 속담이 글쓰기에서만큼 잘 들어맞는 경우도 드물다.

첫 문장은 여러 가지 의미에서 글의 방향과 어조를 규정해주기 때문에 잘 골라잡아야 한다. 그렇다고 '예술적인' 첫 문장을 고안해낼 필요는 없다. 독자의 관심을 환기할 만한 인용문으로 시작해도 좋고, 자신이 직접 겪은 일이나 사회적 이슈를 끄집어내는 것으로 시작해도 좋으며, 그냥 무난하게는 저자의 경력이나 책의 출간 사실을 적시하는 걸로 시작해도 좋다. '어떤 저자의 어떤 책이 출간되었다'라고 간단히 적으며 시작해도 아무도 욕하지 않는다. 그래도 노하우가 필요하다면, 몇 권의 서평집에서 첫 문장만 쭉 읽어보는 게 도움이 될 듯하다.

아무러나 첫 문장을 쓴 뒤라면 나머지는(나머지 절반은) 크게 어렵지 않게 풀려나가야 정상이다. 중간에서 막힌다면, 그건 책을 제대로 소화하지 못해서 그럴 확률이 높다. 무엇을 읽은 것인지 감을 잡고 있다면, 서평 쓰기에서 기대할 수 있는 건 별다른 방해를 받지 않고 글을 마무리하는 것 정도이다. '불멸의 서평'이란 말은 모순이므로(간혹 불멸의 가치를 갖는 것들이 있다손 치더라도 서평은 예다) 한 편의 서평에 너무 많은 시간은 들이지 않도록 주의하는 게 좋겠다. 내 어림으로는 만약 10매짜리 서평을 쓴다면 시간은 최대 세 시간을 넘기지 않는 게 좋다. 우리에겐 읽어야 할 또 다른 책이 있다는 사실을 언제나 명심해야 한다."

(이현우, 「서평 쓰기는 품앗이다」, 『글쓰기의 힘』, 북바이북)

독서의 종착역, 함께 읽고 함께 쓰기

하지만 일반인이 꼭 이렇게 서평을 써야 하는 것은 아닙니다. 서평 쓰기는 생각보다 쉽지 않지만 초보자의 경우에는 블로그라도 만들어놓고 책에서 꼭 기억하고 싶은 글이라도 옮겨 적는 습관부터 기르는 것이 좋습니다. 고염무가 행한 찰기 같은 것 말입니다. 그리고 책을 읽은 뒤 3~4일이 지난 후 가장 기억에 남는 내용을 중심으로 10매 정도의 서평을 써보는 훈련을 하는 것이 중요합니다. 이런 일을 반복 하다보면 자신도 모르게 서평가의 반열에 오를 수도 있습니다. 서평 을 쓰다보면 자연스럽게 이미 읽은 다른 책의 내용과 연결하게 됩니 다. 그래서 읽은 책이 많을수록, 서평을 쓴 이력이 길수록 좋은 서평 이 나오게 마련입니다. 자신이 좋아하는 특정 분야의 책 100권을 읽 고 서평을 쓴다면 그 분야에서 일할 수 있는 기초를 마련할 수 있습 니다. 그러니 그런 일은 지금 시작해도 절대로 늦지 않습니다.

그리고 반드시 책만 읽어야 하는 것은 아닙니다. 고염무는 "만 권의 책을 읽고, 만 리 길을 다녀라(讀書萬卷 行萬里路)"는 말을 통해서 책을 통한 지식과 여행을 통한 실제 경험을 두루 갖추어야 진정한 독서인이 될 수 있다는 가르침을 남겼습니다. 우리가 실질적 공부의 단계에 오르려면 책을 열심히 읽는 한편 되도록 많은 사람을 만나 이야기를 나누어야 합니다.

책은 혼자서 읽는 것보다 함께 읽는 것이 중요합니다. 교육학자 인 김은하는 『독서교육, 어떻게 할까』(학교도서관저널)에서 "가정에서 의 비공식적인 읽기 활동 중 가장 대표적이며 효과적인 활동이 '함 께 읽기(shared reading)'입니다. 양육자가 소리 내어 읽어 주고 아이 가 함께 듣는 활동입니다. 함께 읽기는 구어(口語)의 세계에 살던 아이를 문어(文語)의 세계로 입문하도록 도와주는 징검다리"라고 말하며 '함께 읽기'의 중요성을 강조했습니다.

성인이라고 '함께 읽기'가 중요하지 않은 것은 아닙니다. 『이젠, 함께 읽기다』(신기수 외, 북바이북)의 저자들은 책에는 정답이 없고, 그저 생각의 차이만 존재할 뿐이라고 말합니다. 그들은 "골방독서에서 광장독서로, 지적 영주에서 교양시민"으로 바뀌어야 하며, "'틀리다'가 아닌 '다르다'를 지향하는 독서토론"이 필요하다고 말합니다.

책읽기는 쓰기를 통해서 완성됩니다. 쓰기라는 '아웃풋'을 위해서는 '인풋'이 있어야 합니다. 자신의 생각을 정리하기 위해서는 글을 함께 써볼 필요가 있습니다. '함께 쓰기' 작업은 독서운동의 종착점이라 할 수 있습니다.

현실적으로 인간이 경쟁에서 살아남기 위해 할 수 있는 일은 '책읽기'가 거의 유일합니다. 책을 함께 읽다보면 나와 남의 생각이 다르다는 것을 확인하게 됩니다. 그 생각의 차이가 바로 상상력입니다. 그 상상력이 이 세상을 이겨낼 '역량'입니다. 이 역량은 어떤 상황에서도 이겨낼 힘을 가져다줍니다. 책을 읽어 역량을 갖춘 사람은 미래에 어떤 세상이 오더라도 두려울 것이 없을 것입니다.

앞으로 글을 누가 써야 할까요? 지금까지는 글을 쓰지 않고도 잘 살 았습니다. 그러나 앞으로는 누구나 써야 합니다. 그 이유는 이렇습 니다. 기술의 발달로 조직이 무너지고 있습니다. 과거에는 괜찮은 조직에 들어가 열심히 일하면서 자신의 실력을 발휘할 기회를 확보 할 수 있었습니다. 도제시스템에서 선배들에게 혼나가며 일을 열심 히 배우며 실력을 발휘하다보면 승진도 하고 독립도 할 수 있었습 니다. 그러나 기술의 발달은 중간조직을 모두 사라지게 하고 있습니 다. 이제는 팀이 아니라 개인이 일을 해야 하는 시대가 되었습니다. 게다가 웬만한 일은 소프트웨어로 대체되니 상상력이 없는 개인은 살아가기 어렵습니다.

　제가 앞에서 건축가가 과거에는 건물의 도면을 그리려면 평면도, 단면도, 입면도 등을 따로 그려야 했다는 것은 언급했지요. 그래서 적어도 네댓 사람이 필요했습니다. 그러나 이제는 BIM 시스템으로 설계를 하면 자동으로 3D 상태의 도면이 나온다고 했습니다. 사람이 할 일이 없어진 것이지요. 설사 불경기가 해소되고 호경기 시절이 다시 돌아온다 해도 고도의 소프트웨어가 계속 등장하니 혼자서 일하는 사람들이 더 늘어날 것입니다. 혼자서 일하는 사람은 반드시 상상력이 있는 사람일 것입니다. 저도 출판 현장에 뛰어들 때 마케팅에는 무지에 가까웠습니다. 그래서 상사나 선배들에게 물어가며 열심히 배웠습니다. 새벽부터 밤늦게까지 열심히 뛰어다녔습니다. 학교가 따로 필요 없었습니다. 회사에 다니며 월급도 받아가면서 자연스럽게 일을 배울 수 있었습니다. 그러나 이제 수많은 출판사에서 조직이 무너졌습니다. 물론 대학이나 민간학원에서 일을 배울 수 있습니다. 그러나 세상의 변화가 워낙 급격해 그런 변화를 따라잡기가 쉽지 않습니다. 매우 창의적이고 고급한 일의 영역에서마저 고도의 소프트웨어가 인간의 일자리를 빼앗아가는 세상이니 새로운 일자리를 찾아 옮겨가기가 쉽지 않습니다.

그러면 이제 일자리를 어떻게 찾을 수 있을까요? 앞으로 기업들은 찾아오는 사람이 아니라 소셜미디어를 누비며 직접 찾아 나설 것입니다. 아마도 머지않아 모든 인간에 대한 정보를 담은 빅데이터가 등장할지도 모릅니다. 사고를 당해서 응급실에 실려 가면 지문 인식으로 환자의 모든 병력이 한꺼번에 드러나는 세상이 올 것입니다.

그런 세상에서 한 사람의 능력을 확인하는 것은 식은 죽 먹기처럼 쉬울 것입니다.

그때 개인의 능력은 그가 쓴 글이 최상의 포트폴리오가 될 것이라고 생각합니다. 이미 미국에서는 트위터에서 쓴 글로 사람의 성향을 파악하고 중매를 하는 일이 성업 중입니다. 글은 그 사람의 실력뿐만 아니라 성격까지 파악할 수 있게 해줍니다.

아시다시피 저는 〈학교도서관저널〉과 〈기획회의〉 두 잡지를 펴내고 있습니다. 그리고 저만의 필자를 확보하는 방법이 있습니다. 몇몇 예를 들면 강연을 하다가 만난 수강생 A가 있습니다. A는 함께 강의를 듣던 한 출판사 사장과 마음이 맞아 그 출판사의 책들을 블로그 마케팅으로 팔아준 경험을 털어놓았습니다. 당시는 블로그 마케팅으로 널리 알려진 책이 종합 베스트셀러에 올라 화제가 된 때였습니다. 저는 A에게 그 경험을 50매의 글로 써보라고 권했습니다. 그 글은 〈기획회의〉에 실렸습니다. 그 글을 본 출판사들이 강의를 요청했고 그런 경험을 하던 A는 아예 출판사를 차렸습니다. A의 아이디어를 높게 평가한 한 대형 출판사가 임프린트 형태로 자금을 대주었습니다. 편집자로 취업하기가 부쩍 어려운 시대에 그는 자신보다 경력이 많은 편집자를 고용한 출판사 경영자가 되었습니다.

자기계발서를 비판한 『거대한 사기극』의 저자 이원석은 독서토론 모임에서 만났습니다. 1주일에 한 권씩 책을 읽고 토론하는 모임이 3개월 동안 지속됐습니다. 이원석은 시키지 않았음에도 불구하고 늘 토론할 책에 대한 서평을 써서 나타났습니다. 서평을 몇 차례 읽어보고 저는 그가 내공이 있을 것으로 판단했습니다. 그래서 〈기획회의〉에 연재를 제안했습니다. 1년 동안 연재한 것을 정리해서 나온 책이 『거대한 사기극』입니다. 이 책이 널리 알려지면서 이원석은 전업 필자가 되었습니다.

북뮤지션인 제갈인철은 〈기획회의〉에 연재한 '책이 바꾼 삶, 숭례문학당 이야기'의 필자로 알게 되었습니다. 저는 그가 쓴 30매의 글을 보고 그가 하고 싶은 말이 많을 것이라고 여겼습니다. 그래서 〈기획회의〉에 연재를 부탁했습니다. 그래서 나온 책이 『문학은 노래다』입니다. 그 책을 읽어본 사람들은 제갈인철의 글에 감탄했습니다. 책이 얼마나 팔렸냐고요. 책이 팔린 것 이상으로 제갈인철의 브랜드 가치는 높아졌습니다.

2011년 7월에 후배 출판평론가 최성일은 젊은 나이에 세상을 떠서 나를 슬프게 했습니다. 6개월쯤 지난 뒤에 저는 그의 부인 신순옥 여사에게 처음부터 '남편의 서가'라는 제목을 붙여놓고 〈기획회의〉에 글을 연재하자고 제안했습니다. 장례식장이나 병원에서 몇 번 만나지 않았지만 최성일 유고집 『한 권의 책』에 쓴 머리말이 너무 좋았습니다. 저는 병마와 싸우며 불안한 삶을 살아가는 최성일은 어린 자식에 대한 안타까움으로 책을 많이 읽어주었을 것이라 판단했습니다. 그래서 저는 그때 최성일이 아이들에게 읽어준 책을 다시 읽으며 자신의 삶을 마음껏 이야기해보라고 했습니다.

신순옥 여사는 남편이 읽어준 책이 아니라 자신이 읽은 책을 이야기하고 있었습니다. 비록 문필가로 활동한 적은 없었지만 열심히 책을 읽은 사람의 내공이 글에서 그대로 드러났습니다. 저는 그 연재 글을 읽으면서 삶과 글이 다르지 않았을 때 진정한 감동을 준다는 것을 다시 한 번 절감했습니다. 신 여사의 글은 『남편의 서가』란 책으로 출간되었습니다. 신 여사가 두 아이와 함께 책을 읽고 함께 쓴 글들은 2015년 『아빠의 서재』라는 제목으로 출간되었습니다.

지금은 재개발로 사라진 교보문고 근처의 '실비집'에서 매운 낙지를 시켜놓고 편집자였던 이홍에게 연재를 제안한 적도 있습니다. 그때 이홍은 "소장님, 저와 처음 밥 먹는 겁니다. 저를 얼마나 아신다고?"하며 펄쩍 뛰었습니다. 나는 건방지게도 잘 안다고 떠들었습니다. 저는 그의 글을 믿었습니다. 세 번쯤 원고를 받아보니 그만의 데이터베이스가 있을 것으로 확신했습니다. 그래서 나온 책이 『만만한 출판기획』입니다. 그는 이후 출판계에서 많은 사람들이 인정하는 기획자가 되었습니다.

편집자들은 남의 글을 많이 다듬지만 정작 자신은 글을 잘 쓰지 못하는 경우가 많았습니다. 저는 편집자들에게 이렇게 말하곤 했습니다.

"당신이 만든 책 중에서 의미 있는 다섯 권을 골라라. 그리고 그 책의 저자와 책을 만들 때의 추억을 떠올려라. 책이라는 사물, 저자라는 사람, 책을 만들 때 겪은 사건을 잘 연결해라. 사람과 사물과 사건, 즉 팩트를 중시하라!"

이 팩트가 삶의 데이터베이스입니다. 그러니 어느 분야에서나 이런 경험을 하지 않은 이가 없겠지요. 제갈인철은 『문학은 노래다』에서 "이 세상에서 가장 두꺼운 소설책은 엄마의 인생이다. 그 어떤 문학도 한 엄마의 인생 앞에 엎드려야 한다"고 썼습니다. 세상의 모든 엄마는 소설가 이상의 스토리가 있습니다. 다만 글로 표현할 재주가 없을 뿐입니다. 그러니 앞으로는 평상시에 글을 쓸 필요가 있습니다. 블로그나 페이스북 등 소셜미디어에 글을 쓰다 보면 반드시 자신의 운명을 바꿀 사람을 만나게 될 것입니다.

2013년 10월 17월자 〈문화일보〉에는 「아이슬란드는 '북토피아'… 국민 10명 중 1명 작가 '책사랑'」이란 기사가 실렸습니다. 기사에 따르면 인구가 약 32만 명인 아이슬란드는 1권 이상의 책을 출간한 작가가 10%나 된다고 합니다. 그래서 독서 토론프로그램이 TV 황금시간대에 편성돼 높은 시청률을 기록하는가 하면, 크리스마스 인기선물로는 언제나 책이 1위라고 합니다. 어쩌면 우리도 이런 도시로 탈바꿈하지 않으면 미래를 내다볼 수 없는 도시로 전락하게 될 것입니다.

책은 누구나 쓸 수 있습니다. 아니 누구나 써야 합니다. 어느 분야에서나 열심히 살아낸 사람이라면 누구나 저절로 자신만의 삶의 데이터베이스가 구축돼 있을 것입니다. 그것을 쉽게 풀어내면 자연스럽게 글이 될 것입니다. 글이 안 되면 말을 하고 그 말을 풀어내서 다듬어도 됩니다. 그리고 그 글을 모아 책을 펴내면 됩니다. 이제 곧 글이나 책이 개인의 이력서 역할을 하는 세상이 올 것입니다. 글은 책을 많이 읽은 사람이 잘 쓸 수 있습니다. 책 또한 간접 체험이니까요. 물론 책을 펴낸다고 해서 대단한 부를 얻거나 명성을 얻게 되는 것은 아닙니다. 대형 베스트셀러가 되지 않는 한 인세로 버는 수입은 아주 적습니다. 하지만 펴낸 책으로 말미암아 인생을 혁명적으로 바꿀 일을 찾을 수 있습니다. 그리고 강연을 통해 자신의 경험을 많은 사람에게 들려줄 수도 있지요.

이제 개인은 콘텐츠 메이커가 되어야 하고, 기획하고 사람을 모아 콘텐츠를 만들 수 있어야 합니다. 머리말에서 말한 '편집'이란 '전달'이 아닌 '촉발'을 해야 합니다. 이때 콘텐츠보다 더 중요한 것이 콘텍스트입니다. 책 그 자체의 이야기보다는 책을 둘러싼 이야기가 있어야 한다는 것이지요. 예전에 저는 그 사례로 '해리 포터' 시리즈의 조앤 K. 롤링을 제시하곤 했습니다. 작가가 복사할 돈이 없어서 전체 타이핑을 한 번 더 했다든지, 이혼녀인 그녀가 아이에게 먹일 분유값이 없었다든지 하는 등의 신데렐라 스토리가 많이 알려졌습니다. 나중에 작가는 그렇게까지 가난하지 않았다고 고백하긴 했지요.

최근 『채식주의자』(창비)로 '2016 맨부커상 인터내셔널'을 수상한 한강이 연일 화제가 되고 있습니다. 2007년 출간된 당시 이 소설은 그리 널리 알려지지 않았습니다. 한강은 2014년에 펴낸 『소년이 온다』(창비)로 만해문학상을 받긴 했지만 맨부커상을 수상한 것을 계기로 세계적인 작가이자 한국을 대표하는 작가로 떠올랐습니다. 그녀의 소설이 폭발적으로 팔리는 '촉발'이 된 것은 '맨부커상 수상'이었습니다.

한강의 예와 비교할 수는 없지만 우리는 늘 콘텐츠를 둘러싼 이야기를 만들어낼 수 있어야 합니다. 그것이야말로 진정한 '편집'을 통한 촉발입니다. 그런 노력을 꾸준히 한 사람에게는 인생을 뒤바꿀 기회가 정말 우연을 가장해 갑자기 찾아올 것입니다. 그 기회를 잡기 위해서라도 꾸준히 글을 쓰기를 권합니다. 그리고 글을 쓰기 위해서 함께 읽고, 함께 글을 쓰고 함께 토론하는 것을 일상화할 필요가 있습니다.

이런 일들은 어릴 때부터 하는 것이 좋겠지요. 그래서 저는 〈학교도서관저널〉을 창간해 어린 시절부터 이런 일을 하자는 운동을 벌이고 있습니다. 머리말에서도 밝혔지만 '알파고' 이벤트가 벌어진 이후 제 말의 진정성을 알아주는 사람들이 많이 늘어나고 있습니다. 저는 기쁜 마음으로 여러분의 책을 읽게 될 날을 간절히 기다리고 있겠습니다.

『거대한 침체』, 타일러 코웬, 한빛비즈
『빅데이터 인문학 : 진격의 서막』, 에레즈 에이든, 장바디스트 미셸, 사계절
『21세기 자본』, 토마 피케티, 글항아리
『유리감옥』, 니콜라스 카, 한국경제신문
『망각의 힘』, 도야마 시게히코, 북바이북
『생각의 시대』, 김용규, 살림
『앞으로 5년 결정적 미래』, 머니투데이 특별취재팀, 비즈니스북스
『불평등의 대가』, 조지프 스티글리츠, 열린책들

『거대한 사기극』, 이원석, 북바이북
『빈곤을 보는 눈』, 신명호, 개마고원
『역사 앞에서』, 김성칠, 창비
『이케아 세대 그들의 역습이 시작됐다』, 전영수, 중앙북스
『공부란 무엇인가』, 이원석, 책담
『단속사회』, 엄기호, 창비
『동물화하는 포스트모던』, 아즈마 히로키, 문학동네
『나부터 세상을 바꿀 순 없을까?』, 강수돌, 이상북스
『스스로 살아가는 힘』, 문요한, 더난출판
『절망의 시대를 건너는 법』, 우치다 다츠루, 오카다 도시오, 메멘토

『트렌드코리아 2014』, 김난도 외, 미래의창
『라이프트렌드 2014 그녀의 작은 사치』, 김용섭, 부키
『지적 대화를 위한 넓고 얕은 지식』, 채사장, 한빛비즈
『글쓰기의 힘』, 장동석 외, 북바이북
『생각해 봤어?』, 유시민 외, 웅진지식하우스
『로쟈의 인문학 서재』, 이현우, 산책자
『독서교육, 어떻게 할까』, 김은하, 학교도서관저널
『관능적인 삶』, 이서희, 그책
『자전소설』, 성석제 외, 강
『위험사회』, 울리히 벡, 새물결

인공지능 시대의 삶

『사회를 바꾸려면』, 오구마 에이지, 동아시아
『팔꿈치 사회』, 강수돌, 갈라파고스
『인문학은 밥이다』, 김경집, RHK
『쓰레기가 되는 삶들』, 지그문트 바우만, 새물결
『경제가 성장하면 우리는 정말로 행복해질까』, 데이비드 코튼, 사이
『세계는 평평하다』, 토머스 프리드먼, 창해
『사회를 말하는 사회』, 정수복 외, 북바이북
『사물인터넷』, 커넥팅랩, 미래의창
『빅 스위치』, 니콜라스 카, 동아시아
『생각하지 않는 사람들』, 니콜라스 카, 청림출판

『네이키드 퓨처』, 패트릭 터커, 와이즈베리
『결정장애 세대』, 올리버 예게스, 미래의창
『선택이라는 이데올로기』, 레나타 살레츨, 후마니타스
『정희진처럼 읽기』, 정희진, 교양인
『2030 기회의 대이동』, 최윤식, 김건주, 김영사
『삶의 격』, 페터 비에리, 은행나무
『나의 문화유산답사기(일본편 4)』, 유홍준, 창비
『에디톨로지』, 김정운, 21세기북스
『투명인간』, 성석제, 창비
『나이든다는 것과 늙어간다는 것』, 빌헬름 슈미트, 책세상

인공지능 시대의 삶

『레토릭』, 샘 리스, 청어람미디어
『아규멘테이션』, 박성희, 이화출판
『당신은 어떤 말을 하고 있나요?』, 김종영, 진성출판
『조선의 가족 천개의 표정』, 이순구, 너머북스
『우리는 가족일까』, 몸문화연구소, 은행나무
『생각의 융합』, 김경집, 더숲
『청춘의 민낯』, 대학가 담쟁이, 세종서적
『진격의 대학교』, 오찬호, 문학동네
『공부의 배신』, 윌리엄 데레저위츠, 다른
『담론』, 신영복, 돌베개

『백낙청이 대전환의 길을 묻다』, 백낙청, 창비
『불평등을 넘어』, 앤서니 앳킨슨, 글항아리
『이따위 불평등』, 이원재 외, 북바이북
『힘의 포획』, 오길영, 산지니
『오베라는 남자』, 프레드릭 배크만, 다산책방
『나오미와 가나코』, 오쿠다 히데오, 예담
『남자들은 자꾸 나를 가르치려 한다』, 리베카 솔닛, 창비
『황금방울새』, 도나 다트, 은행나무
『어떻게 죽을 것인가』, 아툴 가완디, 부키
『시골빵집에서 자본론을 굽다』, 와타나베 이타루, 더숲

인공지능 시대의 삶

『숲에서 자본주의를 껴안다』, 모타니 고스케, NHK히로시마 취재팀, 동아시아

『독일의 역습』, 한스 쿤드나니, 사이

『고민하는 힘』, 강상중, 사계절

『고장난 저울』, 김경집, 더숲

『철의 시대』, 강창훈, 창비

『능력주의는 허구다』, 스티븐 맥나미, 로버트 밀러 주니어, 사이

『나는 지방대 시간강사다』, 309동1201호, 은행나무

『빅 픽처 2016』, 김윤이 외, 생각정원

『미움받을 용기』, 기시미 이치로, 고가 후미타케, 인플루엔셜

『불안의 사회학』, 하인츠 부데, 동녘

『일본 디플레이션의 진실』, 모타니 고스케, 동아시아
『공부 중독』, 엄기호, 하지현, 위고
『어떻게 늙을까』, 다이애너 애실, 뮤진트리
『무엇으로 읽을 것인가』, 제이슨 머코스키, 흐름출판
『노후파산』, NHK 스페셜 제작팀, 다산북스
『김대식의 인간 VS 기계』, 김대식, 동아시아
『특이점이 온다』, 레이 커즈와일, 김영사
『빅데이터 인간을 해석하다』, 크리스티안 루더, 다른
『상상하지 말라』, 송길영, 북스톤
『창조적인 사람들은 어떻게 행동하는가』, 알렉스 펜틀런드, 와이즈베리

『강신주의 감정수업』, 강신주, 민음사
『멈추면, 비로소 보이는 것들』, 혜민 스님, 쌤앤파커스
『문학은 노래다』, 제갈인철, 북바이북
『노는 만큼 성공한다』, 김정운, 21세기북스
『어쩌다 한국은』, 박성호, 로고폴리스
『책을 읽는 사람만이 손에 넣는 것』, 후지하라 가즈히로, 비즈니스북스

인공지능 시대의 삶
— 책으로 세상을 건너는 법

1판 1쇄 인쇄 2016년 6월 15일
1판 1쇄 발행 2016년 6월 20일

지은이   한기호

펴낸이   한기호
책임편집   오선이
펴낸곳   어른의시간
출판등록   제2014-000331호(2014년 12월 11일)
주소   121-839 서울시 마포구 동교로 12안길 14(서교동) 삼성빌딩 A동 3층
전화   02-336-5675
팩스   02-337-5347
이메일   kpm@kpm21.co.kr
홈페이지   kpm@kpm21.co.kr
인쇄   예림인쇄 전화 031-901-6495 팩스 031-901-6479
총판   송인서적 전화 031-950-0900 팩스 031-950-0955

ISBN 979-11-87438-00-7 03300

이 도서의 국립중앙도서관 출판예정도서목록(CIP)은 서지정보유통지원시스템 홈페이지(http://seoji.nl.go.kr)와 국가자료공동목록시스템(http://www.nl.go.kr/kolisnet)에서 이용하실 수 있습니다.(CIP제어번호: CIP2016013872)

어른의시간은 한국출판마케팅연구소의 임프린트입니다.
책값은 뒤표지에 있습니다.